Michael Stanislawski

·

Zionism

A Very Short Introduction

Oxford University Press

New York

2017

Майкл Станиславски

·

Сионизм

Наикратчайшее введение

Academic Studies Press

Библиороссика

Бостон / Санкт-Петербург

2024

УДК 94(=411.16)
ББК 63.3(5Изр)
С76

Перевод с английского Настасьи Вахтиной

Серийное оформление и оформление обложки Ивана Граве

Станиславски, Майкл.

С76   Сионизм: наикратчайшее введение / Майкл Станиславски ; [пер. с англ. Н. Вахтиной]. — Санкт-Петербург: Academic Studies Press / Библиороссика, 2024. — 140 с. — (Серия «Современная иудаика» = «Contemporary Judaica»).

ISBN 979-8-887196-75-6 (Academic Studies Press)
ISBN 978-5-907767-77-5 (Библиороссика)

Сионизм — одна из самых противоречивых идеологий в мире. Сторонники восхваляют его успех в создании Израиля и освобождении еврейского народа после тысячелетних преследований. А противники считают, что сионизм опирается на расистскую идеологию, которая привела к израильской оккупации палестинских территорий, и является одним из проявлений колониального угнетения в мире. Майкл Станиславски рассказывает историю сионистской идеологии от ее истоков до наших дней. Его беспристрастный, взвешенный анализ показывает, почему, несмотря на неоспоримый успех в деле создания еврейского государства, по-прежнему актуальны серьезные вопросы о долгосрочной жизнеспособности сионистской идеологии на быстро дестабилизирующемся Ближнем Востоке.

УДК 94(=411.16)
ББК 63.3(5Изр)

ISBN 979-8-887196-75-6
ISBN 978-5-907767-77-5

В память о Самнере З. Каплане

Благодарности

Я бы хотел поблагодарить Институт Гарримана при Колумбийском университете за щедрый грант на публикацию книги, своего аспиранта Гиля Рубина за подготовку алфавитного указателя и помощь с корректурой, Ненси Тофф в издательстве Oxford University Press за помощь и терпение и, как всегда, Мардж, Итана, Аарона и Эмму за любовь и поддержку.

Глава 1
Евреи: религия или национальность?

Сионизм — националистическое движение, призывающее к устройству и поддержке независимого государства для еврейского народа на месте его исторической родины, — в наше время является одной из самых противоречивых мировых идеологий. Приверженцы сионизма считают его национально-освободительным движением еврейского народа, в результате которого в 1948 году было создано Государство Израиль. Противники сионизма относятся к нему как к одному из пережитков колониализма, проявляющегося в израильской оккупации Западного берега реки Иордан с миллионами живущих там палестинцев во имя расистской идеологии, все больше превращающей Израиль в государство апартеида.

Очевидно, что сторонники и противники сионизма написали большое количество противоречащих друг другу политизированных исторических работ. Практически все их авторы так или иначе встают на ту или другую сторону. Ни в научной, ни в популярной литературе больше не стремятся к объективности. В наши дни граница между интеллектуальной ангажированностью и политическим активизмом практически стерлась.

Эта книга и предлагаемая вниманию читателя оценка никоим образом не посягают на недостижимую объективную истину. Автор осознанно стремится к максимальной научной непредвзятости. В книге не продвигается какая-либо политическая позиция по отношению к сионизму, защищающая сионизм или противостоящая ему. Сторонники как сионизма, так и антисионизма вполне обоснованно могут возразить, что такая цель в лучшем случае иллюзорна, в худшем — просто опасна. Читателю судить, удалось ли автору сохранить заявленную непредвзятость.

Вопрос о том, с чего следует начинать, также является предметом научных разногласий и полемики. Многие, если не большинство современных сионистов, считают сионизм естественным продолжением двухтысячелетней преданности евреев Земле Израиля и стремления вернуться туда в конце времен. В соответствии с этой точкой зрения евреи тысячелетиями возносили ежедневные молитвы о возрождении своей родины в Палестине, и это чаяние внезапным, а для некоторых чудесным образом осуществилось, когда в 1948 году было основано Государство Израиль.

Эта распространенная точка зрения кое-что упускает. Дело в том, что сионистское движение, зародившееся в конце XIX века в весьма специфических условиях, было на самом деле отказом от вековых чаяний евреев о возвращении в Землю Израиля, а вовсе не их логическим развитием. Дело в том, что традиционная «тоска по Сиону» неизбежно связана с верой в пришествие Мессии, избранного Богом и только Богом, помазанника Божия, который и начал бы «собирание изгнанных» (то есть возвращение в Сион всех евреев мира) и восстановление Храма в Иерусалиме. В большинстве своих вариантов еврейский мессианизм подразумевает также — и это принципиальный момент — конец тому земному существованию, которое нам известно. Искупление еврейского народа в конце времен тесно связано с концом не только истории, но и естественного миропорядка. Как об этом красиво сказано в Книге Пророка Исаии: «...не поднимет народ на народ меча, и не будут более учиться воевать», и «тогда волк будет жить вместе с ягненком, и барс будет лежать вместе с козленком; и теленок, и молодой лев, и вол будут вместе, и малое дитя будет водить их».

Это мессианское видение и подталкивало евреев на протяжении всей истории к заявлениям о том, что конец света близок и что истинный Мессия пришел. Двумя самыми заметными проявлениями этой идеи являются христианство и гораздо менее известное движение конца XVII века последователей Шабтая Цви, еврея из Османской империи, который в конечном итоге принял ислам, дабы избежать смертной казни. Но помимо Христа и Шабтая Цви, было много «лжемессий», поэтому влиятельные раввины по всему миру заявляли: несмотря на то что мессианизм с его призывом к евреям вернуться в Святую Землю является основной доктриной иудаизма, они осуждают любую апокалиптическую версию этой веры. Евреям запрещалось «приближать конец» или пытаться рассчитать время его наступления. Мессию должен будет выбрать Бог в ведомое Ему время, а любое активное вмешательство человеческих существ в этот процесс становилось ересью, порицаемой и наказуемой.

Основатели сионизма стихийно восстали против самых основ политической пассивности, которая была следствием мессианизма. Они требовали, чтобы евреи взяли дело собственного освобождения в свои руки, а не ждали, когда Бог (в которого многие вообще больше не верили) вернет их в «Сион» и создаст там дом для евреев. Вопреки жизненным принципам мессианской эры и прекращения естественного порядка существования, сформулированным Исаией, сионизм с самого начала призывал к «нормализации» еврейского народа: к тому, чтобы евреи относились к себе — и остальные относились к ним — с уважением, подобно всем другим народам, населяющим земной шар здесь и сейчас.

Основная идея сионизма заключалась в том, что евреи — это нация, а не религия; еврейство получило в еврейской истории новое определение в результате явной идеологической инновации — появления современного еврейского национализма. В самом деле, сионизм повторил общий паттерн современных националистических движений, возникших в Западной и Центральной Европе в начале XIX века, а затем, в середине и конце того же века, распространившихся на Восточную Европу. Эти движения начинались в виде идей культурного возрождения в среде интеллектуалов и писателей, на которых сильно повлияли такие философы, как Иоганн Готфрид Гердер и Иоганн Готлиб Фихте, заявлявшие, что человечество изначально делится на «нации», каждая из которых обладает уникальной историей, культурой и «народным духом», или Volksgeist по-немецки. Так, слово «нация» в очень узком смысле изначально обозначало любую группу людей, связанных какой-либо общностью (единый жаргон, например «студенческой нации»); теперь оно приобрело весьма специфическое и особое значение. Первичной идентификацией каждого человека стала его принадлежность к нации, а не другие варианты его самоопределения или подданства: религиозные, региональные, локальные или же семейные. Пришедшая на смену национальная идентичность подразумевала среди прочего непрерывную общую историю (придуманную историками-националистами), с восходящими к древности национальными героями, и «национальный язык», который должен был заменить прежние способы общения, теперь презрительно именуемые диалектами, подлежащими уничтожению. В свое время решающим для новых националистических движений стал тезис о том, что каждой нации необходим политический суверенитет — предпочтительно полная независимость — на четко разграниченных территориях, которые по природе принадлежали этой нации и только ей, но были полностью или частично отняты у нее иностранными оккупантами, от которых она должна освободиться.

Однако воплощение этого последнего пункта нового понятия о нации в реальность оказалось крайне проблематичным, поскольку большинство государств в Европе и других странах, на период распространения национализма в остальном мире, не были устроены ни демографически, ни политически по таким особым «национальным» границам. В этих странах представители различных этнических и религиозных групп жили бок о бок в городах, поселках и деревнях, либо мирно, либо поддерживая часто напряженный, но все же стабильный *modus vivendi*. В ходе развития новых националистических движений эта ситуация стала, наоборот, считаться неестественной, несправедливой и гнетущей. В лучшем случае народ, не принадлежащий к той же нации, можно было терпеть как «меньшинство», но только при условии, что он признает себя чужаком в чужой ему стране.

По большей части сионизм воспроизвел эту модель, общую для современных форм национализма, однако с существенными от нее отличиями. Во-первых, уже начиная с древних времен евреи использовали самоопределение «народ», или «нация». Так их называли и неевреи. Правда, второй термин понимался иначе, чем при его использовании националистами в дальнейшем. Для передачи идеи еврейского народа в еврейской Библии используются три слова: «ам», «гой» и «леом». В чем была разница между ними для авторов Библии и была ли она, неясно. Со временем самым обычным названием евреев как группы становится «Ам Израэль», народ Израиля. Однако с появлением современного еврейского национализма в середине и конце XIX века третий и наименее распространенный библейский термин, «леом», стал использоваться в иврите в качестве основы для еврейских вариаций новых европейских понятий «нация», «национальное единство» и «национализм», чтобы не путать их с более привычными терминами, существовавшими до XIX века.

Возможно, этот довольно сложный момент станет понятнее, если мы рассмотрим пример из той части света, где появился современный еврейский национализм, — из бывшей Российской империи. До XX века народа, известного сейчас как белорусы, не было. Подавляющим большинством населения этой территории (теперь это государство Беларусь) были крестьяне, исповедовавшие православие и говорившие на восточнославянском диалекте (или, точнее, на ряде диалектов), близком, но отличающемся от русского и украинского языков. Сперва для самоидентификации они опирались на вероисповедание, место рождения и семейно-родовые отношения. Они не думали о себе как о «нации» в каком бы то ни было значении этого слова. Белорусский народ «родился» только с появлением в конце XIX — начале XX века среди небольшой группы интеллигентов современного белорусского национализма. Затем, как это ни парадоксально, огромную помощь в формировании белорусского народа оказало якобы наднациональное, а на самом деле антинациональное Советское государство. И сегодня белорусы верят, что они представляют собой отдельный народ с отдельной историей, национальным языком и литературой, восходящими к древности, и что так было всегда.

В отличие от белорусов, евреи тысячелетиями считали себя и считались другими «народом», но значение этого слова с появлением современного национализма радикально изменилось.

Евреи принципиально отличались от других новоявленных (или вновь придуманных) народов еще по двум важнейшим причинам. Во-первых, тысячелетиями слово «еврей» также обозначало принадлежность к иудаизму и, как мы теперь говорим, исповеданию иудаизма — четкой системы религиозных воззрений, законов и обычаев. Как евреи, так и неевреи не видели проблемы в том, что группа определяется как по национальному, так и по религиозному признаку. Только в эпоху Просвещения в конце XVII и в XVIII веке появилось разделение между этими двумя сферами жизни — политической (принадлежащей общественной сфере жизни) и религиозной (принадлежащей сфере жизни частной). В результате начались споры о том, считать ли евреев исключительно народом или только религиозной группой.

Во-вторых, в отличие от белорусов, евреи не были большинством населения какой-либо территории. Живя практически по всему миру, они составляли меньшинство среди населения разных стран. Разумеется, никто не утверждал, что у евреев в древности не было родины (к такому утверждению еще придут так называемые постсионистские и антисионистские ученые в конце XX века). Эта родина была известна под разными названиями: Иудея, Палестина, Святая Земля, Земля Израиля. Отсюда в 70 году нашей эры. римляне изгнали подавляющее большинство евреев. Пусть очень малая их часть и осталась здесь на века, она представляла собой небольшой процент как от населения той земли, что стала известна под именем Палестины, так и от еврейской популяции в мире. Следует подчеркнуть, что, несмотря на реальные демографические обстоятельства, память о Святой Земле и ее первостепенном значении для иудаизма и еврейского народа сохранилась на века, о ней вспоминают на ежедневной и на праздничной службе, в молитве, возносимой к Богу, о возврате евреев в Святую Землю в конце времен, в мессианскую эру. Известнее всего молитва «На следующий год — в Иерусалиме», которой завершается Седер Песах, или служба на Йом-Кипур. Но эта глубокая вера в конечное возвращение евреев на Землю Израиля неразрывно переплелась с повседневной жизнью: о возвращении не раз вспоминают в ежедневном богослужении во всех еврейских ритуалах по всему свету утром, днем и вечером, в благодарственных молитвах после трапезы. Можно привести небольшой, но показательный пример. Евреи, живя в тех частях света, где погода, а значит, и сельскохозяйственный цикл совсем не похожи на Палестину, продолжали молиться о благоприятной погоде в соответствии с циклами посадки и сбора урожая в Палестине для поддержания там успешного сельского хозяйства. Кроме того, во многих частях еврейского мира было принято класть в гроб мешочек с землей, взятой из Земли Израиля. Этот символический жест имеет глубокое эсхатологическое значение.

Вопрос о евреях, переселявшихся в Палестину на протяжении веков, был чрезвычайно осложнен доктринальными ограничениями мессианского иудаизма тысячелетней давности. Тем не менее за многие века небольшое количество евреев все же иммигрировало в Палестину, иногда в связи с мессианскими ожиданиями, но чаще всего для того, чтобы жить и учиться в священных городах, выполнять заповеди, применимые исключительно к Святой Земле, и быть похороненными в ее святой почве.

Очень сложным и часто парадоксальным образом сионизм опирался на эту тысячелетнюю еврейскую тоску по возвращению на Землю Израиля. Но, повторим, альфой и омегой этой идеологии было переосмысление евреев как нации, подобной всем другим нациям. И это переосмысление не только предшествовало возникновению сионизма как такового, но и привело к формированию других форм современного еврейского национализма, которые категорически отвергли возвращение евреев в Палестину, призывая их вместо этого к политическому возрождению в диаспоре. Несмотря на эти фундаментальные и часто резкие различия, помимо признания факта, что евреи составляют «нацию» в новом смысле этого слова, все идеологические системы современного еврейского национализма исходили из двух основных общих посылок. Во-первых, цель «эмансипации» — достижения равных прав — которой в 1790 и 1791 годах первыми добились французские евреи и за которую затем другие евреи Европы боролись на протяжении большей части XIX века — была не только недостижимой и, следовательно, иллюзорной, но, на еще более глубоком уровне, фундаментально ошибочной, поскольку эмансипация и интеграция в другие национальные государства противоречили самому представлению о евреях как об отдельном народе. Таким образом, хотя и националисты, и сторонники эмансипации открыто признавали разницу между нацией и религией, введенную в эпоху Просвещения, обе стороны на основании этого разграничения пришли к совершенно противоположным выводам.

Во-вторых, эта точка зрения сложным образом пересекалась с тем, что большинство современных еврейских националистов отвергло тысячелетние религиозные верования и традиции евреев, включая (для многих, хотя и не всех) веру в Бога. Эти верования и традиции, как утверждали новые еврейские националисты, были вытеснены открытиями науки, эпохой Просвещения, Дарвином (а для социалистов — Марксом), короче говоря, само́й современностью. Единственным рациональным заключением, таким образом, стало то, что за освобождение евреев отвечают сами евреи, а не какой-то Бог, которого, вероятно, и не существует. Сионисты и другие еврейские националисты также отвергли новые религиозные движения, возникшие в еврейской среде Западной и Центральной Европы: реформистский, позитивно-исторический и неоортодоксальный иудаизм. Во всех этих направлениях считалось, например, что евреи в Германии были немцами Моисеевой веры, подобно немцам католической или протестантской веры, и точно так же следует смотреть на евреев в других странах мира, где по мере развития цивилизации евреи будут эмансипированы наравне с прочими гражданами всех современных государств. Таким образом, большинству евреев Западной Европы именно иудаизм приказывал оставаться там, где они были, и поступать как верноподданные того государства, в котором они жили.

Проблема заключалась в том, что не все государства, даже в Западной Европе, были готовы относиться к евреям как к членам своей собственной национальной общины, отличающимся только вероисповеданием, и следовательно, эмансипировать евреев наравне с прочими гражданами. Действительно, очень скоро после появления современного еврейского национализма возникла новая форма ненависти к евреям: расовый антисемитизм, впервые появившийся одновременно во Франции и в Германии. Однако здесь следует очень точно соблюдать хронологию: слишком уж часто звучащее заявление о том, что современный еврейский национализм родился в ответ на антисемитизм или на вспышки жестокости и насилия («погромы») против евреев, которые начались в Российской империи в 1881–1882 годах, просто неверно. Первые высказывания приверженцев этой новой идеологии появились в печати задолго до распространения антисемитизма и до погромов начала 1880-х годов. Это не значит, что погромы и распространение антисемитской идеологии не убедили многих евреев в истинности современных националистических, в том числе сионистских, решений «еврейской проблемы». Но снова подчеркнем, и это важно понимать, что основной причиной возникновения современного еврейского национализма было возникновение новых идей среди самих евреев, применение к евреям основных положений современного национализма, а не ответная реакция на преследования.

Действительно, рост антисемитизма, даже в его самых жестоких формах, в подавляющем большинстве случаев не привел евреев во всем мире к отказу от своей религии, от веры, будь то иудаизм в его традиционной или модернистской версии, или к отказу от уверенности в том, что правовая эмансипация — и, как следствие, увеличивающаяся экономическая и социальная мобильность — решит проблемы евреев. Таким образом, даже несмотря на рост антисемитизма, на протяжении большей части истории существования сионизма сионистские взгляды разделяло явное меньшинство еврейских общин в мире, а подавляющее большинство раввинов и светских лидеров противостояло им. Эта ситуация изменилась только после убийства 6 000 000 евреев во время холокоста. Потребность в независимом Еврейском государстве, которое служило бы убежищем для евреев, не только стала тогда в еврейском сознании массовой, но и превратилась в главную задачу.

Но не будем ставить телегу впереди лошади. Нам следует вернуться в середину XIX века и пронаблюдать сначала за зарождением современного еврейского национализма, а затем, в 1897 году, за появлением его самого важного и долговечного ответвления — сионистского движения.

Глава 2
Еврейский национализм в Новое время (1872–1897)

Почти во всех пособиях по современной истории евреев или по собственно сионизму большое внимание уделяется так называемым предшественникам, предтечам или провозвестникам сионизма. Речь идет о небольшом числе мужчин (и одной известной женщине — Джордж Элиот), которые в середине XIX века выступали за возвращение евреев в Палестину и тем самым предвосхитили появление сионистского движения.

Однако теоретически сама идея «предшественников», «предтеч» или «провозвестников» любого движения или идеологии является глубоко проблематичной. Проще говоря, неизбежность появления того или иного движения или идеологии сперва признается, почти всегда совершенно бессознательно, а затем в глубине времен выискиваются фигуры, проповедовавшие идеи, похожие на те, что бытуют в нынешних движениях или идеологиях. В результате такой ретроекции игнорируются или сглаживаются очень серьезные расхождения между этими ранее возникшими идеями и концепциями, определившими лицо идеологии или движений, которые они якобы предвосхитили. В этом процессе щекотливые вопросы исторической интерпретации — причины и следствия — переворачиваются с ног на голову и интерпретируются неверно. Настоящий «предшественник», «предтеча» или «провозвестник» любого движения должен был бы, по идее, оказать влияние на реальные, осязаемые исторические процессы, с которыми его идентифицируют. Для сионизма характерно то, что такого влияния *не было*, как не было и намека на причинно-следственные связи.

В троицу основных, чаще других упоминаемых «предшественников сионизма» входят два раввина, Цви-Гирш Калишер и Иехуда бен Шломо Хай Алкалай, а также философ-социалист Мозес Гесс. Они выдвигали интересные (и противоречивые) аргументы в пользу возвращения евреев в Палестину, но при жизни их практически никто не слушал, и, что существенно, они были совершенно неизвестны реальным создателям современного еврейского национализма и сионизма, о которых вскоре пойдет речь. Кроме того, если бы последние только прочли писания раввинов Калишера и Алкалая, они отвергли бы их фундаментально традиционалистские религиозные и сугубо мистические воззрения. Это справедливо и в отношении «Рима и Иерусалима» Мозеса Гесса: никто из основателей современного сионизма, выдвинувших собственные идеи, не слышал об этом произведении и не читал его. Повторю: если бы они прочли книгу Гесса, то очевидно отбросили бы ее весьма своеобразную помесь социализма и убежденности в необходимости сохранения ортодоксального иудаизма как основы будущего Еврейского государства в Палестине до наступления социалистической утопии.

Эти самые «предтечи» были найдены и признаны таковыми только *после* создания сионизма. Их как бы пригласили в свидетели защиты; особенно усердствовали в их поисках приверженцы отдельных ответвлений сионизма. Так, в 1902 году, после создания ортодоксального сионистского движения «Мизрахи», его лидерам, подвергшимся нападкам со стороны подавляющего большинства традиционалистов и ортодоксальных раввинов во всем мире, были необходимы авторитеты. Они могли бы заявить, что эти авторитеты поддерживают их точку зрения. Лидерам «Мизрахи» повезло: они наткнулись на писания раввинов Калишера и Алкалая. Их порицаемое всеми инакомыслие оказывалось якобы санкционировано раввинами. Тот факт, что мировоззрения этих раввинов радикально отличались как друг от друга, так и от фундаментальных представлений движения «Мизрахи», решили для удобства проигнорировать. Таким же образом с 1899 года, после возникновения социалистических сионистских движений, Мозес Гесс был задним числом записан в предтечи этих идеологий, так как, по совпадению, он одновременно был социалистом и призывал к возвращению евреев в Палестину. По выходе книги Гесса из печати практически никто ее не читал, но этот факт снова было удобно проигнорировать, как и то, что в основе книги лежали весьма своеобразные взгляды, практически несовместимые с взглядами реально существовавших социалистических сионистских движений.

На самом деле исторически появление современного еврейского национализма, а затем сионизма, не знало никаких «предтеч». Оно было результатом внутреннего развития движения еврейского просвещения, известного как «Хаскала». Это движение началось в Германии в середине XVIII века, прежде всего под влиянием Мозеса Мендельсона, одного из замечательнейших философов своей эпохи. Присоединившись к движению просвещения и философски осмысливая и разграничивая национальность и религию, Мендельсон решительно выступал за следующее определение евреев: евреи — адепты религии, известной как иудаизм. Эта религия, как довольно своеобразно считал Мендельсон, не обладает никакими уникальными теологическими доктринами, отличающими ее от «естественной религии», врожденной для всех человеческих существ, обладающих разумом. И только по одной простой причине евреи вынуждены были тем не менее следовать заповедям и законам иудаизма: так поступать Господь заповедовал им и только им. Будучи набожным евреем, Мендельсон сохранял твердую веру в традиционное мессианское обетование, данное евреям Богом, но это не мешало ему определять евреев как представителей религиозной веры, которые, как и все другие представители религиозных общин, должны обладать правами в современном свободном государстве.

Это основополагающее учение Мендельсона осталось центральным в движении еврейского просвещения Центральной Европы и после его смерти. Попав в Восточную Европу, оно столкнулось с другой реальностью: здесь, в многонациональных империях, жило большинство евреев мира (в конце XVIII века их было около одного миллиона), и евреи здесь признавались официально, да и сами они считали себя отдельными этническими и религиозными сообществами. В большинстве случаев они жили плотными общинами в городах и небольших торговых поселках, где они составляли заметную долю (а иногда и большинство) населения. В Российской империи, где проживало большинство евреев, понятия «гражданин» в современном значении (то есть в значении, полученном после Французской революции) попросту не существовало. Население — будь то дворяне, духовенство, крестьяне или члены городских групп, к которым по закону были отнесены евреи, — было подданными самодержавных монархов, и монархи предоставляли им привилегии по своей прихоти, не признавая какой-либо концепции неотъемлемых или врожденных прав, даже (как на Западе) для аристократии или духовенства. Поэтому сама идея «эмансипации», или «равных прав», была по своей сути чужда основным правовым политическим структурам Российского государства. (В контролируемом Россией Королевстве Польском евреи были формально эмансипированы в 1862 году, но на обычную жизнь это почти не повлияло.) В империи Габсбургов, которая завладела землями бывшей Речи Посполитой, известными как Галиция, где жили сотни тысяч (чаще всего обедневших) евреев, наследие римского права было гораздо более значительным, и, следовательно, существовали понятия врожденных прав; тем не менее возможность юридической эмансипации евреев (или других так называемых меньшинств) была просто немыслима до возникновения в середине XIX века современного национализма.

И все же идеология еврейского просвещения, распространившаяся в Галицию, а затем достигшая своего пика на землях, контролируемых Россией, продолжала утверждать — как и так называемые западники среди русской интеллигенции, — что ход истории ведет Россию к преобразованию по западной модели. Таким образом, евреи в конечном итоге должны были не только достичь эмансипации по французской модели, но, как и сами русские, доказать самим себе, что достойны такой эмансипации, обновляя себя. Для евреев это означало отказ от фундаментального интеллектуального допущения о том, что Истина содержится исключительно в Библии и ее можно установить, только изучая Библию и ее толкования в Талмуде. Вместо этого евреям пришлось бы принять тот факт, что мудрость можно найти среди неевреев: это убеждение давно признавалась величайшими раввинами прошлого, но от нее отказались в Восточной Европе в результате преследований, доведших евреев до интеллектуальной изоляции.

Нужна была прежде всего педагогическая революция: евреям нужно было учить своих детей современным языкам (особенно немецкому и русскому) и «светским» предметам, таким как арифметика, география, астрономия и история, а также модернизированным и более рациональным представлениям о еврейской традиции. Одновременно они отчаянно нуждались в социальной и экономической революции: евреям пришлось оставить свои вековые занятия, и из мелких спекулянтов, торговцев и ростовщиков они становились фермерами, ремесленниками и представителями свободных профессий. Более того, евреям также пришлось очистить и модернизировать иврит, превратив его в средство для создания светских литературных жанров, таких как поэзия, романы, пьесы, эссе, газеты и современные «научные» исследования.

Все эти идеи были частью программы раннего Просвещения времен Мендельсона, но от курса на языковые изменения постепенно отказались в пользу только немецкого языка, который выбрали средством еврейского просвещения. В Российской империи, где правительство считало евреев и сами евреи считали себя уникальной «этнической» группой, казалось, не было никакого противоречия в том, что евреи использовали и иврит, и русский (или польский в полуавтономном Королевстве Польском), чтобы превратиться в «современных людей» и, значит, стать достойными эмансипации и равных прав.

Однако для небольшой группы приверженцев Хаскалы уже в начале 1870-х годов двойная цель эмансипации и религиозной реформы казалась не только химерой, но и обманными мечтаниями. Истинным решением тяжелого положения евреев было пробуждение их «национального сознания», которое помогло бы им переосмыслить себя как «нацию» — в соответствии с новыми националистическими концепциями народности.

Первым мыслителем, которому довелось сформулировать новую идеологию, был Перец Смоленскин. Он родился недалеко от города Могилева в Белоруссии, перебрался в Одессу — бывшую наряду с Вильнюсом неофициальной столицей российской Хаскалы — и затем, переезжая с места на место в Центральной и Восточной Европе, обосновался в Вене, средоточии националистических настроений многих этнических групп, входящих в империю Габсбургов. Смоленскин является прежде всего автором рассказов в духе Хаскалы, но для целей нашего изложения самым важным его начинанием оказалось основание в 1868 году периодического журнала «Ха-Шахар» («Заря»). Поначалу этот журнал был довольно стандартным рупором идеологии еврейского просвещения, но ситуация начала меняться в 1872 году, когда Смоленскин опубликовал серию очерков под названием «Вечный народ», «Время делать» и «Время насаждать». Очерки эти были длинными, бессвязными и изобиловали повторами, однако утверждения Смоленскина отталкивались от резкой антимендельсоновской предпосылки: евреи — не религия, а нация. Отсюда логически вытекали нападки на саму концепцию политической эмансипации как ориентира и цели будущего для евреев. Эти взгляды Смоленскин не только рассматривал как ложные и вредные, но и считал в высшей степени саморазрушительными: они неизбежно привели бы к «ассимиляции» евреев с нациями, среди которых те жили, и этот процесс, по мысли публициста, уже идет в Западной Европе. С очерков Смоленскина начался процесс изменения истории: произошло рождение современного еврейского национализма.

К Смоленскину и его едва зародившемуся мировоззрению вскоре присоединяется группка читателей, коллег и последователей. Важнейшими из них были евреи из России — Мойше Лейб Лилиенблюм и Элиэзер Перельман, который позже сменил имя на Элиэзер Бен-Йехуда. Оба они появились на свет в традиционных еврейских семьях в Белоруссии, утратили веру в традиционный иудаизм и стали приверженцами движения «Хаскала». Они подхватили призыв Смоленскина к возрождению евреев как современной нации по образцу новых националистических движений в Европе. На самом деле Перельман, он же Бен-Йехуда, пошел дальше своих коллег и настаивал, чтобы иврит стал разговорным «национальным языком» еврейского народа, и произойти это должно не где-нибудь, а в Палестине, древнем доме евреев, которую следует воскресить в настоящем как национальную родину евреев. С этой целью в 1878 году он отправился в Париж изучать медицину, желая стать «продуктивным» членом рождающейся ивритоговорящей нации в Святой Земле. В октябре 1881 года он приезжает в Яффу. В семье Бен-Йехуды он и его жена впервые в современной истории говорят только на иврите.

Именно в этот момент в жизнь вторглась политика: весной 1881 года в Российской империи начинаются погромы. Но прежде чем мы обратимся к этим событиям и их влиянию на распространение современного еврейского национализма, а затем и сионизма, мы должны отступить назад и описать усилия нескольких групп и отдельных лиц, вдохновленных идеями по улучшению участи евреев, уже живущих в Палестине. И эти идеи были однозначно ненационалистическими.

Самой важной такой организацией был Всемирный еврейский союз, основанный в Париже в 1860 году для улучшения политических, социальных и экономических условий жизни евреев во всем мире, особенно в Северной Африке и на Среднем Востоке, и обучавший евреев, как стать «цивилизованнее» и тем самым заслужить эмансипацию. Это прежде всего означало привить им ценности современной «цивилизации» по французскому образцу и через французский язык, а также повысить их экономическую производительность, прежде всего за счет обучения их сельскому хозяйству и ремеслам. По этой причине в 1870 году к югу от Яффы, на земле, подаренной Союзу турецким султаном, открылась сельскохозяйственная школа «Микве Исраэль» («Надежда Израиля»). Целью этой школы было обучить уже живущих в Палестине евреев формировать небольшие сельскохозяйственные поселения и содержать себя экономически. Примечательно, что лидеры Союза как в Париже, так и в «Микве Исраэль» активно выступали против растущего еврейского националистического движения, а также против самой идеи о том, что евреи из других стран должны эмигрировать в Палестину. С началом погромов в 1881–1882 годах они активно поддержали эмиграцию евреев в США, а отнюдь не на Святую Землю.

Но с тех пор история — если говорить выспренно — радикально изменила свой ход. Хотя эмиграция евреев из Российской империи началась еще до погромов, в ответ на экономический кризис в самой империи, в особенности в еврейском обществе, однако насилие в отношении евреев (почти все считали, что его поддерживал царский режим, и, как мы теперь знаем, это мнение ошибочно) способствовало началу именно массовой эмиграции из Восточной Европы — в Западную и в США. Тем не менее скромное меньшинство эмигрантов отправилось в Палестину и составило то, что затем в сионистской хронологии было названо «Первой алией» (последнее слово буквально означает «восхождение», в географическом и духовном смысле имеется в виду восхождение от прибрежной равнины Палестины к Иерусалиму, расположенному на Иудейских холмах). Многие из этих эмигрантов приехали сюда по причинам, очень похожим на те, по которым их родственники и соседи эмигрировали в Америку или Южную Африку: не из-за политических или религиозных взглядов, а просто в поисках лучшей жизни для себя и своих детей.

Но небольшое количество этих иммигрантов все же переехало в Палестину, следуя четким, последовательным идеологическим мотивам: вере в идеи современного еврейского национализма, часто переплетавшиеся с утопическими социалистическими или толстовскими взглядами, все более распространявшимся в Российской империи, особенно среди молодежи.

Самая известная из таких групп была сформирована студентами в январе 1882 года в Харьковском университете на Украине. Эта организация, известная под аббревиатурой «Билу» («Дом Иакова! Вставайте и пойдем!», Исаия 2:5), сочетала в себе как националистические, так и социалистические идеалы. Сперва даже членам «Билу» было непонятно, куда они должны ехать, чтобы достичь своих целей. Вскоре они пришли к согласию, что единственным подходящим направлением является Палестина, где они могут создать образцовые эгалитарные сельскохозяйственные коммуны. К движению присоединилось около 500 молодых евреев, но большинство из них на самом деле были неспособны или не желали отправляться в Святую Землю и заниматься там сельским хозяйством. В первой группе «билуимцев», прибывшей в Палестину, было всего 14 человек, и за следующие несколько лет их число выросло до 53. Столкнувшись с проблемами ведения сельского хозяйства в Палестине, многие из этих юных идеалистов сдались и уехали из Палестины, по большей части в Америку.

Те, кто остался, прошли обучение в «Микве Исраэль», получили от школы помощь (несмотря на различие в идеологии) и начали организовывать небольшие сельскохозяйственные поселения.

Они ожидали получить существенно бо́льшую поддержку со стороны гораздо более крупного движения, возникшего в Российской империи и в Румынии в начале 1880-х годов и известного как «Любовь к Сиону». Одним из наиболее важных идеологов этого движения был врач Леон Пинскер, который поначалу был сторонником Хаскалы, но с началом погромов разуверился в ее целях.

1 января 1882 года Пинскер опубликовал на немецком языке памфлет под названием «Автоэмансипация». В памфлете утверждалось, что антиеврейские настроения настолько укоренились в европейском обществе, что их невозможно преодолеть эмансипацией евреев, как бы евреи ни стремились «улучшить» себя в духе идеологии просвещения. Соглашаясь с новым националистским определением евреев, Пинскер был уверен, что единственное решение для них — покинуть Европу и основать самостоятельно обеспечивающее себя национальное территориальное образование. Хотя у Пинскера на первых порах не было уверенности, где должна находиться эта территория (возможно, в Аргентине или других странах с обширными безлюдными областями), он вскоре пришел к мысли, что такой национальной территорией может быть исключительно Палестина, благодаря своей исторической значимости и эмоциональной привязанности к ней массового еврейства. Пинскер быстро стал крупным и весьма влиятельным лидером зарождающегося движения «Любовь к Сиону».

Одной из задач этого движения и была поддержка иммиграции евреев в Палестину для устройства самостоятельно обеспечивающих себя сельскохозяйственных коммун. Однако движение «Любовь к Сиону» было гораздо менее идеологически однородным, чем «Билу», всегда испытывало нехватку средств и сдерживалось юридическими ограничениями, наложенными российским правительством. Поэтому оно не смогло решить серьезные проблемы горстки еврейских сельскохозяйственных поселений, фактически созданных в Палестине, которые вскоре обратились за помощью к французскому еврейскому филантропу барону Эдмону де Ротшильду. Барон ответил на их просьбу, и его финансирование и в самом деле имело решающее значение для выживания этих новых поселений, хотя даже с его помощью многие из них разорились из-за отсутствия у членов общины опыта, неудобной для сельского хозяйства местности Палестины и ее климата, опасного для здоровья.

Кроме того, Ротшильдом двигали исключительно филантропические соображения, которые резко противоречили не только идеологическим целям современного еврейского национализма, но в особенности — социалистическим идеалам многих поселенцев (что вполне естественно — он ведь был Ротшильдом). Как бы то ни было, растущее число поселений, отказавшихся от религиозных законов иудаизма, значительно уменьшило энтузиазм Ротшильда по поводу этой затеи. Вероятно, еще более шокирующим в его глазах было решение 1887 года, принятое небольшим числом религиозных евреев, находящихся среди поселенцев, которых он субсидировал. Решение было принято под диктат большинства правоверных раввинов как в Палестине, так и в Восточной Европе, и состояло в том, чтобы отказаться от сбора урожая в текущем году, поскольку это был субботний год, когда библейский закон запрещал евреям в Земле Израиля обрабатывать свои сельскохозяйственные поля или потреблять их продукцию. Хотя некоторые ортодоксальные раввины и предприняли попытки решить проблему с помощью фиктивной продажи земли неевреям, барон нашел это решение столь же ужасающим, как и неортодоксальный социализм светских и даже антирелигиозных поселенцев. В результате он потерял интерес к проекту, переключившись на помощь миллионам евреев, эмигрировавших из Восточной Европы в Новый Свет.

Более того, само движение «Любовь к Сиону» потеряло бо́льшую долю своей привлекательности, поскольку насилие против евреев начало утихать в середине 1880-х годов и прекратилось в 1890-х годах, а возможно, и по более важной причине серьезнейших идеологических расколов в его рядах. Наиболее влиятельным был еврейский писатель Ашер Гинзберг, писавший под псевдонимом Ахад Гаам («один из народа»). Хотя в этом имени можно почувствовать популистские наклонности, Ахад Гаам был крайне далек от популизма: рефлексирующий интеллигент, принадлежащий к элите, он решительно доказывал, что вся инициатива по поддержке массовой еврейской эмиграции в Палестину и, что еще важнее, политическая цель достижения суверенной еврейской родины была идеологической и практической ошибкой. Эта инициатива была основана на неверном понимании основной цели современного еврейского национализма, состоявшей в национально-культурном возрождении среди евреев, прежде всего через возрождение языка и культуры. К этому Ахад Гаам добавил свой комплекс мировоззрений относительно трансмутации течений традиционного иудаизма в современные и отчетливо светские философские концепции, на которые повлияли разномастные европейские мыслители, включая позитивистов, социальных дарвинистов и Ницше. Только после подготовки элитарного авангарда из числа тех, кто усвоил философию традиционного иудаизма, уместна какая-либо эмиграция в Палестину или политическая активность в поддержку политической суверенности. Вскоре эта версия современного еврейского национализма была названа «духовным», или «культурным», сионизмом, в отличие от сионизма политического. Чтобы понять эти термины, мы должны отступить от темы появления современного еврейского национализма и его раннего воплощения в таких движениях, как «Билу» и «Любовь к Сиону», и перейти к вопросам создания сионистского движения как такового.

Глава 3
Теодор Герцль и создание сионистского движения (1897–1917)

Сам термин «сионизм», или, более точно, Zionismus по-немецки, изобрел в 1890 году еврейский националист Натан Бирнбаум, основатель журнала «Автоэмансипация» (Selbstemanzipation). Но, безусловно, широко известен этот термин стал благодаря деятельности и трудам человека, которого все считают основателем сионистского движения — Теодора Герцля.

Герцль был чрезвычайно сложной личностью. Даже после выхода десятков посвященных ему биографий и исследований истинное лицо Герцля остается в значительной степени скрытым. Он родился в Будапеште в 1860 году в обычной еврейской семье, относившейся к верхушке среднего класса. Семья принадлежала к немецкой культуре. Здесь разговаривали на немецком языке и стремились к социальной и экономической свободе. Многие утверждают, что Герцль до обращения к сионизму не имел никаких связей с иудаизмом. Но на самом деле это не так. Он и его семья молились в либеральной синагоге. Более того, они никогда не отказывались от полноценного включения в еврейское сообщество, что было возможно в Австро-Венгерской и Германской империях и пользовалось определенной популярностью среди евреев такого происхождения.

Точнее, подобно десяткам тысяч еврейских интеллектуалов в Европе того времени (в значительной степени выходцев из верхушки среднего класса), в первые десятилетия своей жизни

Герцль верил, что его еврейство — просто случайность, которая не окажет никакого серьезного влияния на его жизнь, мысли и будущее. Даже столкновение Герцля с антисемитизмом в университете не заставило его разувериться в этом фундаментальном убеждении. Несмотря на то что Герцль учился в Венском университете на юриста, он очень хотел стать драматургом. Он стремился к этому до самой смерти, хоть и не достиг на этом поприще больших успехов. В то время Герцль зарабатывал на жизнь написанием эссе и журнальных заметок. С октября 1891 по июль 1895 года он находился в Париже в качестве иностранного корреспондента одной из самых влиятельных (особенно для германоязычных стран) либеральных газет тех лет — венской «Новой свободной прессы» (Neue Freie Presse). В 1895 году Герцль вернулся в Вену, где работал в этой газете редактором отдела культуры. Тем самым он приобрел значительное культурное влияние в австрийской столице и в германоязычном мире. Но это не имело ничего общего с его взглядами на «еврейскую проблему».

В период своего пребывания в Париже Герцль наблюдал и писал в газете о «деле Дрейфуса». Этот процесс начался в 1894 году с осуждения по обвинению в шпионаже капитана Альфреда Дрейфуса, еврейского офицера французской армии. Спор о виновности или невиновности Дрейфуса обернулся одним из важнейших политических кризисов во французской политике в конце XIX — начале XX века. Он завершился полным оправданием Дрейфуса в 1906 году. До недавнего времени повсеместно считалось, что Герцль стал сионистом под влиянием антисемитизма, вызванного делом Дрейфуса. После тщательного изучения его работ по делу Дрейфуса рядом историков оказалось, что это мнение ошибочно. Как и большинство евреев во Франции, после первого ареста Дрейфуса Герцль опасался, что капитан на самом деле был виновен, но надеялся, что это не так. Лишь после, став сионистом и начав смотреть на мир через призму сионизма, Герцль, что неудивительно, применил сионистский подход и к делу Дрейфуса.

Но все гораздо сложнее. Авторы многих работ до сих пор настаивают на том, что дело Дрейфуса оказало значительное влияние на Герцля в ходе его становления сионистом. Сам Герцль поддерживал этот миф в своих ретроспективных трудах и в процессе формирования своего имиджа.

Ясно, что примерно в середине 1890-х годов Герцль убедился, что антисемитизм — это неизменная и неизбежная черта европейского общества. Распространенная во времена Просвещения вера в то, что он исчезнет, подобно другим предрассудкам, не оправдалась. Герцль ни в какой мере не отказался от своей веры в силу прогресса и превосходства европейской цивилизации над другими. Но постепенно он пришел к мысли, что евреи — это нация, а не религиозное сообщество. Он видел единственное решение проблемы антисемитизма в том, чтобы евреям покинуть Европу и основать свое государство в другом месте. Как и Пинскер, Герцль поначалу не думал, что Еврейское государство должно находиться в Палестине. Он рассматривал также и Аргентину. Но вскоре Герцль пришел к выводу, что евреи Восточной Европы поддержат его идею, только если речь пойдет о Земле Израиля.

Увлекательная историческая головоломка: Герцль выработал свои взгляды, не имея никакого представления о трудах еврейских националистов тех лет. Он не знал о движениях «Билу» и «Любовь к Сиону», о противоречиях между сторонниками «Ахад-Гаама» и их противниками в лагере националистов. На самом деле он даже не мог прочитать большинство их работ, так как не знал иврита. Но даже труды, опубликованные на немецком, не были известны Герцлю, пока он не стал сионистом. Его идеология развивалась независимо — редкий случай.

Сначала Герцль попытался воплотить свои идеи на практике, убеждая влиятельных еврейских филантропов поддержать его. Но ему не удалось уговорить их. Филантропы посчитали его решение еврейской проблемы абсолютно непрактичным и идеологически опасным, тем более что признание того, что евреев невозможно интегрировать в европейское общество, могло поставить под угрозу еврейские общины, которые боролись за свои основные права, находясь среди антисемитов.

Продолжая обращаться за поддержкой к еврейским богачам, Герцль начал записывать свои идеи. Самым важным результатом его трудов стала книга «Еврейское государство» («Der Judenstaat»), написанная в 1895 году и опубликованная годом позже. Название этой небольшой книги обычно переводят на английский как «The Jewish State» («Еврейское государство»), но гораздо более точный перевод — «The Jews' state» «Государство евреев». Это не придирка, а важный вопрос, который затрагивает глубинные основы мировоззрения Герцля. Государство, которое он описывал, было предназначено для евреев. Его не определяла еврейская культура, модернистская или традиционная, в том числе и актуальный тогда национализм таких мыслителей, как Ахад-Гаам. Последний считал Герцля невеждой, который не понимает, о чем говорит.

Таким образом, сионизм Герцля был чисто политическим — как в теории, так и на практике. Евреям как нации не нужна была новая культура, язык или концепция мессианской эпохи. Им необходимо было лишь одно: собственное национальное государство. Его создание навсегда решило бы проблему антисемитизма как для Европы в целом, так и для самих евреев. Когда все евреи, желавшие остаться евреями, эмигрировали бы в свое государство, те, кто этого не хотел, растворились бы в нациях и государствах, где они жили. Этот процесс никак не повлиял бы на культуру. Евреям как таковым не нужно было бы меняться. В своем государстве они могли бы говорить на любом языке, исповедовать (или нет) любое течение иудаизма и продолжать приобщаться к космополитичной европейской буржуазной культуре.

По сути, мечта Герцля о государстве евреев была откровенно утопической. Широко известно, что в «Еврейском государстве» он призывал к установлению семичасового рабочего дня. Флаг государства, по Герцлю, состоял из семи пятиконечных желтых звезд (а не шестиконечных звезд Давида) на белом фоне, что символизировало экономический и социальный прогрессивизм. Что еще важнее, его базовое представление о государстве не соответствовало стандартному определению государственного устройства с фиксированной законодательной, исполнительной и судебной системами. Вместо этого Герцль описывал федерацию самоуправляемых сообществ, добровольно объединяющихся для поддержания минимально необходимого для выживания уровня. В его государстве не предусматривались духовная иерархия, государственная религия и постоянная армия — в них не было нужды.

Здесь затрагивается один из самых спорных вопросов, часто возникающих в сионистских спорах со времен Герцля и до наших дней. Часто утверждают, что сионисты не обращали никакого внимания на то, что подавляющее большинство населения Палестины были арабами. Это обстоятельство должно было чрезвычайно усложнить план создания еврейской родины в Палестине. Однако такой подход неверен. Сионисты, такие как Ахад-Гаам, обсуждали «арабскую проблему» задолго до Герцля. Сам Герцль также явно ее обозначил. Однако его точка зрения стала неприемлемой для сторонников палестинского национализма. Герцль считал, что превращение Палестины в современное прогрессивное государство, с экономикой, основанной на самых актуальных на тот момент научных принципах возделывания земли и промышленного производства, неизбежно приведет к значительному улучшению жизни арабского населения в Палестине. Оно освободит их от феодального ига и от несправедливого владычества Османской империи, которая эксплуатировала их как политически, так и экономически. Следовательно, арабы неизбежно должны были осознать, что сионизм выгоден как евреям, так и им.

Такая точка зрения представлялась крайне наивной не только анти- и несионистам, рассматривавшим население Палестины если не как главное препятствие, то как одно из препятствий для осуществления сионистского проекта. Многие сионисты также пытались бороться с этой проблемой в течение последующих десятилетий.

Другим значительным препятствием для осуществления сионистского плана был контроль над Палестиной Османской империи. Не было причин предполагать, что османы задумаются об уступке части своих земель евреям. Герцль предлагал еще одно простое (а для других — полностью несбыточное) решение. Османская империя страдала от острого экономического кризиса, который уже привел страну к потере власти и престижа не только в своих границах, но в том числе и по всему миру. Эту проблему предлагалось решить массированными вливаниями капитала еврейских банкиров в османскую казну. Опять-таки, банкиры не были заинтересованы в участии в этом проекте и считали его смехотворным. Но Герцль все равно верил, что такой подход — это наиболее рациональное решение проблемы.

Герцль рассуждал, что, если османов не удастся убедить отдать Палестину добровольно, их могут заставить это сделать великие европейские державы. Он поставил себе цель добиться от этих держав активной поддержки сионистского проекта, и стремился к этой цели всю оставшуюся недолгую жизнь. Позже это назвали «хартией» — дипломатическим инструментом, дающим евреям право на родную землю в Палестине. Чтобы достичь своей цели, Герцль использовал все имеющиеся в его распоряжении средства и пытался заручиться поддержкой великих держав. Сначала кайзер Германии проявил некоторый интерес к его плану — не потому что беспокоился о евреях, а потому что надеялся получить стратегический плацдарм на Ближнем Востоке. Он даже дал Герцлю две личные аудиенции, чтобы тот рассказал о своих идеях. Но вскоре кайзер потерял к нему интерес. Герцль обратился к соперникам Германии, которые, как и кайзер, не поддержали его.

Хотя Герцль и не получил практически никакой поддержки от двух групп потенциальных спонсоров, чьего расположения он наиболее рьяно добивался — богатых евреев и великих держав, — множество евреев Восточной Европы и Балкан встретили его с огромным энтузиазмом, граничащим с настоящим преклонением. Когда он приезжал к ним, евреи тысячами окружали его, приветствуя Герцля как «царя евреев», несмотря на то что их лидеры-раввины клеймили его еретиком и нарушителем Божьих заповедей, стремящимся разрушить иудаизм. Причины личной популярности Герцля подробно разбирались в научной и массовой литературе. Без сомнения, он стал известен благодаря трем факторам. Во-первых, он выглядел как подобает. Его аристократичная осанка, черная борода и пронзительный взгляд зачастую напоминали облик древнего ассирийского царя. Его «экзотическая» внешность была семитской, но Герцль не был похож на обычного еврея. Сам факт, что он был знаменит среди

Илл. 1. Теодор Герцль создал в конце XIX века сионистское движение и организовал первый его съезд в 1897 году в Базеле (Швейцария). Эта фотография принадлежит художнику-сионисту Эфраиму Лилиену. Она стала каноническим образом Герцля. Здесь он смотрит на Рейн, но мысленно находится в Сионе

неевреев, заставлял евреев восхищаться Герцлем. Это похоже на широко известный, но до конца не понятый феномен, когда сила «аутсайдера», пришельца извне, с периферии общества, противопоставляется силе «инсайдера», истинного члена группы. Часто этот феномен связывают с такими личностями, как Наполеон или Сталин. Еще менее поддается рациональному историческому объяснению тот факт, что Герцль излучал то, что его современник, немецкий социолог Макс Вебер, называл «харизмой»: свойство уникальной личности, благодаря которой она отличается от обычных людей. Таких личностей наделяют исключительными качествами. Этим качествам приписывается божественное происхождение, считается, что они присущи тем, кому суждено стать лидером и к кому надлежит относиться соответственно.

Какими бы ни были причины, Герцль потрясающе сыграл свою роль. Ему удалось то, что не удавалось никому из его предшественников. Он созвал международную конференцию сторонников сионизма, которую назвал Сионистским конгрессом. Изначально он хотел провести ее в Мюнхене, но объединенная оппозиция раввинов, как либеральных, так и ортодоксальных, заставила его перенести место проведения собрания в Базель. Конгресс проходил там с 29 по 31 августа 1897 года. Конечно, возникли фундаментальные противоречия между различными участниками этого недавно созданного движения. Но Герцль вместе с Максом Нордау, еще более известным в разных странах немецким писателем (и противоречивой общественной фигурой), которого он назначил своим помощником, управлял движением твердой рукой. В конце концов различные фракции пришли к компромиссу — так называемой Базельской программе:

> Сионизм стремится создать дом для евреев в Палестине, обеспеченный публичным правом. Конгресс рассматривает следующие средства для достижения этой цели: 1) содействие соответствующими средствами поселению в Палестине евреев-земледельцев, ремесленников и рабочих; 2) организация и объединение всего еврейства с помощью местных и международных учреждений, в соответствии с законами

каждой страны; 3) укрепление и развитие еврейского национального духа и национального самосознания; и 4) подготовительные меры для получения согласия правительств, где это необходимо, для достижения цели сионизма.

Каждый пункт этой программы и тщательно проработанные формулировки согласовали и обсудили во многих подкомитетах конгресса. Особое внимание следует уделить четырем фразам. Здесь не упоминается слово «государство», не говоря уже о «Еврейском государстве». Ряд делегатов (особенно последователи «религиозного сионизма») отвергли этот термин по идеологическим соображениям. Другие опасались, что он будет политически провокационным, особенно для Османской империи. Также нет упоминания о «родине» (не говоря уже о «еврейской родине»): слово «дом» является примерным переводом немецкого Heimstätte, которое более точно можно было бы перевести как «усадьба». Этот термин обычно обозначает место обитания, а не политическое образование. Расплывчатость этого понятия делала его приемлемым для большинства делегатов. Кроме того, термин «публичное право» не относился ни к одному известному своду законов, в том числе к позднейшему международному праву. И наконец, фраза «в соответствии с законами каждой страны» была тщательно разработанной формулой, призванной успокоить тех, кого тревожило влияние программы на безопасность евреев в странах, где они подвергались активным преследованиям и боролись за основные права, не говоря уже о равноправии. Принципиальным также является отсутствие в Базельской программе какого-либо упоминания о возрождении еврейской культуры или иврита, в отличие от «укрепления и взращивания еврейского национального духа и национального самосознания»: первое было бы неприемлемо не только для Герцля, Нордау и других сугубо «политических» сионистов, но также и для скромного меньшинства делегатов, которые были традиционными иудеями или раввинами, отвергавшими любую связь между сионизмом и каким бы то ни было светским, культурным возрождением.

Несмотря на все эти компромиссы, Первый сионистский конгресс был большим успехом для Герцля. Он стал руководителем движения, которое стремился создать с того момента, как ему пришла на ум идея сионизма — идея, встретившая столько сопротивления. После окончания Первого конгресса он записал в дневнике:

> Если бы я должен был вкратце резюмировать Базельский конгресс — я воздержусь от того, чтобы произнести это вслух, — я бы сказал: «В Базеле я основал Еврейское государство». Если бы я сказал это сейчас, меня бы все осмеяли. Но если не через пять лет, то точно через пятьдесят все будут знать об этом.

Последователи Герцля часто указывают на то, что через 50 лет и 47 дней, 29 ноября 1947 года, Генеральная Ассамблея Организации Объединенных Наций проголосовала за разделение Палестины на Еврейское и Арабское государства. А через 50 с половиной лет после того, как Герцль написал эти слова, 14 мая 1948 года, было создано независимое Государство Израиль.

Эти события в значительной степени оказались возможны в условиях совершенно непредсказуемых политических реалий эпохи после Второй мировой войны. Но более важен здесь тот факт, что успех Герцля на Первом сионистском конгрессе не устранил фундаментальных идеологических разногласий внутри сионистского движения. В частности, внутри сионистского движения существовали по меньшей мере три организованные группировки, которые отличались от строго «политического» сионизма Герцля. Во-первых, Ахад-Гаам и его последователи вскоре организовали «Демократическую фракцию». Они настаивали на необходимости внутри еврейской общины культурной революции, основанной на светской еврейской культуре, но также не доверяли Герцлю лично и выступали против его почти диктаторского, по их мнению, контроля над движением. Во-вторых, уже в 1899 году была основана первая социалистическая сионистская группа, которая вскоре разделилась на множество различных групп и подгрупп, часто имевших принципиальные различия. Некоторые из них выступали, например, за принятие марксистского или так называемого утопического социализма,

Илл. 2. Второй сионистский конгресс состоялся в Базеле в августе 1898 года. Герцль настаивал на том, чтобы все присутствующие носили костюмы — к большому огорчению делегатов из России

поддержку идиша, а также иврита в качестве национального языка еврейского народа. Представители групп спорили о решениях «арабской проблемы» в Палестине, а также — как и во многих других левых движениях — о гораздо более тонких разногласиях в теории социализма. И наконец, в 1902 году было основано движение «Мизрахи», целью которого было углубление синтеза между ортодоксальным иудаизмом и сионизмом.

По иронии судьбы ортодоксальные сионисты встали на сторону Герцля по некоторым важнейшим вопросам, стоящим перед сионистским движением в целом, поскольку они считали гораздо более опасными — и в буквальном смысле еретическими — культурные и социальные программы «религиозных» и социалистических сионистов. Это стало очевидно в ходе масштабного скандала, разразившегося внутри сионистского движения на Шестом конгрессе, проходившем в Базеле с 23 по 28 августа 1903 года. На нем Герцль представил предложение, недавно полученное им от британского правительства: создать автономную еврейскую колонию в Уганде в Британской Восточной Африке (географически не совпадающей с нынешним государством Уганда). Герцль воспринял это предложение с большим энтузиазмом как большую дипломатическую удачу: одна из великих держав, по его мнению, таким образом одобряла саму идею Еврейского государства. Он неоднократно утверждал перед конгрессом, что это предложение ни в малейшей степени не противоречит Базельской программе и ее (и его собственной) глубокой поддержке Палестины как единственной родины еврейского народа; колония в Уганде будет просто служить временным убежищем для преследуемых евреев, особенно из Российской империи — они недавно стали жертвами самого жестокого погрома, произошедшего с начала 1880-х годов — кишиневского погрома, вспыхнувшего 6–7 апреля 1903 года. В часто цитируемой фразе Нордау описал план по Уганде как просто Nachtasyl — ночлежку — для евреев, нуждающихся в спасении от своих угнетателей.

Но большинство восточноевропейских делегатов Шестого конгресса (а также других из различных частей света, включая Америку) рассматривали «план по Уганде» как доказательство того, что Нордау и Герцль вообще не понимают проблем евреев. Для них Земля Израильская была единственной возможной исторической и духовной родиной еврейского народа. Принятие «плана по Уганде», даже в качестве временной меры, стало бы для них скользкой дорожкой на пути к уничтожению сионистской мечты. Более того, спустя всего несколько месяцев после внесения предложения по Уганде Герцль отправился в Санкт-Петербург. Там он встретился с известным антисемитом — русским министром внутренних дел В. К. фон Плеве. Для русских сионистов он олицетворял ненавистный царский режим, который, как они думали, недавно поспособствовал кишиневскому погрому. По мнению Герцля, он лишь участвовал в жесткой реальной политике. Даже если бы российское правительство захотело поддерживать сионистское движение лишь для того, чтобы избавиться от ненавистных евреев, такая поддержка могла бы быть полезной, особенно учитывая историческое соперничество между Российской и Османской империями на Ближнем Востоке, а в особенности — в «святых местах» в Палестине.

Но для русских сионистов реальная политика Герцля была лишь синонимом сотрудничества со злом. Такое сотрудничество послужило бы не благу еврейского народа, а славе Герцля. Когда план по Уганде вынесли на обсуждение на Шестом сионистском конгрессе, русские сионисты массово вышли из его состава. Из-за этого раскола судьба движения, казалось, висела на волоске. После яростных дебатов русские сионисты согласились вернуться на конгресс и вынести этот вопрос на голосование. Важно отметить (часто этот момент неправильно понимают), что делегаты от «Мизрахи» — которые как ортодоксальные иудеи ежедневно молились о возвращении евреев на Святую Землю и, следовательно, могли бы возразить против плана по Уганде — на самом деле голосовали за этот план. Таким образом они продемонстрировали свою преданность Герцлю и противопоставили себя (показав свой страх) фракции Ахад-Гаама, социалистам и другим светским сионистам. В конце концов Герцлю удалось получить большинство голосов (295 «за», 178 «против»). Предложение не было одобрено, но было решено отправить «следственную комиссию» в Восточную Африку для изучения предлагаемой территории. Эта комиссия должна была подготовить отчет к следующему конгрессу.

Несмотря на кажущийся успех, план по Уганде не только серьезно повредил позициям Герцля в сионистском движении в целом, но и сильно подкосил его слабое здоровье. Менее чем через год, 3 июля 1904 года, он умер в Вене в возрасте 44 лет. Даже его самые заклятые враги в сионистском движении оплакивали этот печальный конец его необыкновенной жизни. Теодору Герцлю в Базеле, возможно, и не удалось «создать Еврейское государство», но, в отличие от других своих предшественников, он сформировал авторитетное сионистское движение, в то время как другие называли это наивной мечтой. Еврейский мир изменился неузнаваемо.

Глава 4
Эпоха Вейцмана и Декларация Бальфура

Смерть Герцля не означала, что сионистскому движению пришел конец. Однако даже самые близкие и талантливые последователи Герцля не могли заменить его. Следующие президенты Всемирной сионистской организации были компетентными, но нехаризматичными лидерами. В десятилетие после смерти Герцля движение зачахло. По иронии судьбы (учитывая, что Европа играла в сионистском движении ключевую роль) сионизм в те годы добился наиболее заметных и долговечных результатов в самой Палестине, вне сферы влияния основного сионистского движения.

Прежде всего, в десятилетие между 1904 и 1914 годами произошла Вторая алия — эмиграция около 40 тысяч евреев в Палестину, в основном из Российской империи. Как и во время Первой алии, большинство этих переселенцев руководствовались не радикальными политическими и религиозными принципами. Самые активные и авторитетные эмигранты находились под влиянием социалистических идей, куда более сильным, чем их предшественники. Безусловно, самым важным и долговечным результатом Второй алии было создание коллективистского поселения. Сначала его называли «квуца» (kevuzah), а затем — «кибуц» (kibbutz). В этом коммунистическом эгалитарном сельскохозяйственном сообществе любая частная собственность была под запретом. «Средства производства» были общими, люди работали поочередно, предполагалось полное равенство полов. Коллективизм был настолько всепроникающим, что даже основная ячейка общества — нуклеарная семья — оказалась подчинена этой радикальной идеологии. Всех детей отделяли от родителей. Их воспитывали вместе в «детском доме». Родителям разрешали навещать детей только в течение короткого времени после обеда, когда взрослые отдыхали. Таким образом они осуществили призыв Маркса к отказу от «буржуазной семьи» из «Манифеста Коммунистической партии». В конечном итоге их коллективистский подход к воспитанию детей стал самым масштабным экспериментом в этой области. Колхозы Советского Союза и Китая не шли с ним ни в какое сравнение. В теории такой подход должен был создать психологически здоровых и независимых детей и устранить ущерб, вызванный тем, что Фрейд называл патологиями детско-родительских отношений.

Первый кибуц был основан к югу от Галилейского моря в 1909 году. Его назвали «Дгания», что на иврите означает «василек». В следующее десятилетие было создано еще 11 коллективистских поселений. Но влияние кибуцев распространилось далеко за их пределы. Их ценили высоко. Кибуцы считались наиболее чистым выражением как сионизма, так и социализма. Со временем из них вышли наиболее значимые политические, культурные и военные лидеры растущей еврейской общины в Палестине. Однако изначально в кибуцах существовали глубокие идеологические разногласия, которые часто встречаются среди политиков левого толка. Там были коммунисты-марксисты и социалисты-утописты. Жили там и последователи идей Аарона Давида Гордона, российского еврея, эмигрировавшего в Палестину в 1904 году. Его идеология основывалась скорее на мыслях Толстого, нежели Маркса. Он восхвалял жизнь крестьянина и добродетель ручного труда. Гордон призывал евреев отказаться от того, что он рассматривал в качестве глубоко нездорового отрыва от природы. Он поставил перед ними двойную цель — «завоевание труда» и «завоевание земли». Гордон был одним из наиболее влиятельных мыслителей рабочего сионизма в Палестине.

Одним из наиболее глубоких противоречий между поселенцами Первой и Второй алий и, конечно, между различными течениями внутри последней стал острый вопрос о роли труда арабов в новых поселениях сионистов. Старые поселения полагались на арабских земледельцев, используя как их ручной труд, так и глубокие знания палестинской земли и методов возделывания проблемных почв. Но большинство левых групп, которые основали коллективистские поселения в период между 1904 и 1914 годами, отказались от найма арабских рабочих. Это противоречило идее создания самодостаточного класса еврейских фермеров и напоминало о «буржуазном угнетении» рабочего класса. Иронично, что последователи этой идеологии были в свое время наиболее яростными защитниками так называемого «двунационального» сионизма. Они выступали за взаимовыгодное сосуществование в Палестине арабов и евреев.

Тем временем новые поселения столкнулись с проблемой арабского насилия против их жителей. Поселенцы организовали первые отряды самообороны еврейской Палестины. Вопрос о том, как совместить вооруженную борьбу и еврейско-арабское сосуществование, стал серьезной проблемой для нескольких социалистических сионистских групп в Палестине (а следовательно, и в диаспоре).

В то же время в Палестине возник совершенно иной тип еврейской жизни. В 1909 году на окраинах древнего города Яффы был основан Тель-Авив. Безусловно, евреи жили в крупных городах Палестины — Яффе, Иерусалиме, Хайфе, Хевроне и Сафеде — с незапамятных времен. После Первой алии их число выросло. Но основание Тель-Авива обозначило нечто совершенно новое. Это был современный ивритоговорящий еврейский город, который отступил от ортодоксального (или, как сейчас говорят, «ультраортодоксального») пути. Его придерживались еврейские жители так называемых святых городов Палестины, которые в значительной степени полагались на благотворительность диаспоры. Хотя к 1914 году население города составляло лишь 1500 человек, Тель-Авив противопоставил себя кибуцам и более поздним, менее коллективистским сельскохозяйственным поселениям, таким как мошавы. Мошавы были фермерскими деревнями, состоящими из частных земельных участков и домов с общим сельскохозяйственным инвентарем. Доходы в них также делились между жителями. Городское еврейское население открыло новые горизонты торговли на пути к сионистской мечте.

Эта мечта была разрушена до основания с началом в 1914 году Мировой войны. Османские власти арестовали и изгнали многих лидеров сионистского движения в Палестине, так как они как граждане Российской империи теперь считались подданными враждебной державы. В более широком смысле эта война поставила под сомнение будущее Османской империи. Кто будет владеть землями Палестины, если турки окажутся разбиты? Практически с самого начала военных действий Англия решила завоевать весь Ближний Восток. Для этого англичане начали активные, зачастую секретные, переговоры со многими арабскими правителями. Так, в октябре 1915 года сэр Генри Макмагон, британский верховный комиссар в Египте, написал письмо шерифу Хуссейну ибн Али, эмиру Мекки, главе «арабского восстания» против османов. В нем британское правительство объявило о своей поддержке арабской независимости и суверенитета династии Хашимитов над обширными территориями, в том числе и над «районами Мерсины и Александретты и частями Сирии к западу от районов Дамаска, Хомса, Хамы и Алеппо». Вопрос о том, включало ли в себя это обещание территорию Палестины, вскоре станет предметом серьезных споров, определивших будущее страны.

Фактически с самого начала войны сионисты в странах по обе стороны конфликта столкнулись с той же дилеммой, что и аналогичные социалистические партии в Европе. Такие партии в теории были интернациональными и противопоставляли себя национализму — силе, используемой буржуазией, чтобы отвлечь пролетариат от классовой солидарности. Однако по мере нарастания лихорадки войны в разных странах подъем патриотизма полностью затмил призывы к интернационализму. Большинство французских, немецких, российских и множество мелких социалистических партий поддержали войну. Они верили, что победа их стран сильно поможет делу социализма по всему миру.

То же произошло и в сионистских движениях воюющих стран. Большинство российских, британских и французских сионистов верили, что их положение значительно усилится с разгромом Германии, Австрии и особенно Османской империи. Большинство немецких, австрийских и турецких сионистов считали, что с поражением Британии, Франции, а в особенности ненавистного царского режима, смертельного врага евреев, они станут жить лучше.

В дебатах внутри сионистского движения наиболее значимой фигурой стал Хаим Вейцман. Скоро его назовут второй по важности фигурой в истории сионизма после Герцля. Он родился в 1874 году в еврейской семье среднего класса в местечке Мотоль в Белоруссии. Вейцман учился в гимназии в расположенном рядом Пинске, а затем переехал в Германию, в Дармштадт. Там он изучал химию. Следующим шагом было образование в Техническом университете в Берлине, а потом — во Фрибургском университете в Швейцарии, где в 1899 году он получил докторскую степень. Вскоре он был принят на ставку преподавателя органической химии в Женевском университете. Здесь Вейцман преподавал до 1904 года, после чего стал работать в Университете Манчестера. Это и решило его судьбу. Еще в России он отошел от традиционного иудаизма, в атмосфере которого вырос. Вейцман стал убежденным сионистом и последователем Ахад-Гаама. По сути, на нескольких сионистских конгрессах он стоял во главе демократической фракции, противостоящей Герцлю. Его первая речь на Сионистском конгрессе в 1901 году была посвящена основанию Еврейского университета в Палестине — краеугольному камню программы Ахад-Гаама.

После смерти Герцля Вейцман постепенно стал поддерживать позицию, совмещающую культурный и политический сионизм. Вскоре он стал одним из лидеров влиятельного манчестерского сионистского движения. Затем, в 1917 году, он стал президентом Британской федерации сионистов. К этому времени он уже был достаточно известным химиком. Некоторые его изобретения использовались Великобританией в ходе войны. Так, бактерию, необходимую для изготовления ряда взрывчатых веществ и синтетической резины, назвали в его честь. Таким образом, Вейцман общался с самыми влиятельными политическими фигурами Великобритании, в том числе с Артуром Бальфуром, бывшим премьер-министром, который служил министром иностранных дел в кабинете Ллойда Джорджа. Вейцман добился некоторого успеха у Бальфура из-за протестантских убеждений последнего относительно связи евреев со Святой Землей.

Но намного более важна была способность Вейцмана осенью 1917 года убедить Бальфура, а с его помощью и кабинет министров, в том, что евреи в России и в США необходимы, чтобы страны продолжали участвовать в Мировой войне. В России в феврале этого года после отречения царя Николая II к власти пришло Временное правительство, которое оказалось практически бессильно. Наиболее видные сторонники военных действий были вынуждены уйти в отставку, а большевики и их антивоенная политика набирали силу в Петрограде и Москве. В то же время в апреле 1917 года Соединенные Штаты объявили войну Германии и отправили на фронт скромное, хотя и значительное число войск. Существующая в стране массовая оппозиция препятствовала втягиванию американцев в европейскую войну, и президент Вильсон не смог убедить Конгресс объявить войну не только Германии, но и Австро-Венгрии.

На этом фоне Вейцман смог убедить Правительство Его Величества, что если Великобритания поможет делу сионистов, то ее охотно поддержат евреи как в Америке, так и в России. Вейцман настаивал и в конце концов сумел уговорить англичан, что евреи настолько политически влиятельны в своих странах, что могут изменить общественное мнение и убедить правительства продолжать войну.

На самом деле Вейцман в лучшем случае пускал пыль в глаза. В то время евреи в США почти не обладали политическим влиянием. Они точно не могли изменить мнение противников войны в Конгрессе или в стране в целом. В России евреи никак не влияли на Временное правительство. Несмотря на то что многие лидеры большевиков были евреями, коммунизм для них значил гораздо больше, чем происхождение. В любом случае они считали сионизм порочным инструментом реакционной еврейской буржуазии в ее классовой войне с пролетариатом. Но Вейцман проигнорировал (или исказил) эти факты. Он великолепно сыграл на стереотипе о влиянии евреев на мировую политику, который широко распространился по миру после публикации печально известных «Протоколов сионских мудрецов» или из-за действий отдельных антисемитов, таких как Генри Форд. Безусловно, Вейцман выбрал удачное время для своей кампании. В конце октября 1917 года британские войска на Ближнем Востоке под руководством генерала Эдмунда Алленби продвинулись к линии Газа — Беэр-Шева. Они находились всего в 50 милях от Иерусалима и Яффы. Англия была уверена, что после войны она займет Палестину.

Таким образом, 2 ноября 1917 года Лорд Бальфур отправил следующее письмо Лайонелу Уолтеру Ротшильду, президенту Британской федерации сионистов:

> Уважаемый лорд Ротшильд,
> Имею честь передать Вам от имени Правительства Его Величества следующую Декларацию, в которой выражается сочувствие сионистским устремлениям евреев, представленную на рассмотрение кабинета министров и им одобренную: «Правительство Его Величества с одобрением рассматривает вопрос о создании в Палестине национального очага для еврейского народа, и приложит все усилия для содействия достижению этой цели; при этом ясно подразумевается, что не должно производиться никаких действий, которые могли бы нарушить гражданские и религиозные права существующих в Палестине нееврейских общин или же права и политический статус, которыми пользуются евреи в любой другой стране». Я был бы весьма признателен Вам, если бы Вы довели эту Декларацию до сведения Сионистской федерации.
> Искренне Ваш,
>
> Артур Джеймс Бальфур

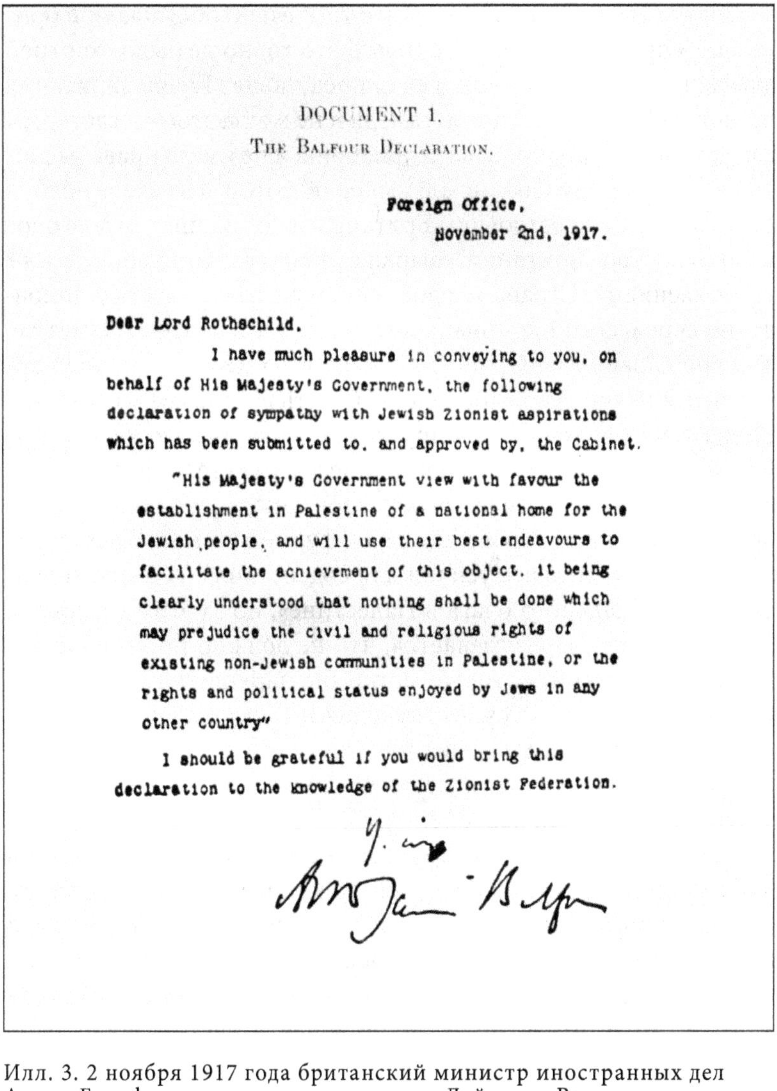

DOCUMENT 1.

THE BALFOUR DECLARATION.

Foreign Office,
November 2nd, 1917.

Dear Lord Rothschild,

I have much pleasure in conveying to you, on behalf of His Majesty's Government, the following declaration of sympathy with Jewish Zionist aspirations which has been submitted to, and approved by, the Cabinet.

"His Majesty's Government view with favour the establishment in Palestine of a national home for the Jewish people, and will use their best endeavours to facilitate the achievement of this object, it being clearly understood that nothing shall be done which may prejudice the civil and religious rights of existing non-Jewish communities in Palestine, or the rights and political status enjoyed by Jews in any other country"

I should be grateful if you would bring this declaration to the knowledge of the Zionist Federation.

Илл. 3. 2 ноября 1917 года британский министр иностранных дел Артур Бальфур отправил письмо лорду Лайонелу Ротшильду, ведущему британскому сионисту, где писал, что британское правительство «с одобрением рассматривает вопрос о создании в Палестине национального очага для еврейского народа». Это письмо стало называться Декларацией Бальфура. Его считали огромной победой для сионистского движения

Каждое слово в этом документе тщательно обсуждали в британском правительстве. Во-первых, это точно не было «хартией для Палестины» в том виде, как ее представлял Герцль. Британия не дарила Палестину сионистам, да и не могла этого сделать, так как еще не контролировала территорию и не имела права распоряжаться землями Османской империи, которая в начале ноября 1917 года еще существовала. Британцы дали сионистам долговое обязательство. Британия «выражала сочувствие сионистским устремлениям». Страна «с одобрением рассматривает» установление еврейского национального очага в Палестине. Отметим, что при слове *home* («очаг») используется неопределенный артикль *a*, а не определенный *the* — то есть другие возможные национальные очаги евреев в других частях света не исключались. Наиболее важными были следующие два пункта, которые позже стали предметом бесконечных разночтений при толковании их обеими сторонами. Декларация Бальфура обязывала Великобританию «приложить все усилия для содействия созданию еврейского национального очага в Палестине», но за этим следовали слова: «...ясно подразумевается, что не должно производиться никаких действий, которые могли бы нарушить гражданские и религиозные права существующих в Палестине нееврейских общин или же права и политический статус, которыми пользуются евреи в любой другой стране». Служила ли последняя часть фразы условием для первой?

В свое время эти дебаты будут иметь серьезнейшие последствия для евреев в Палестине и для успеха или провала сионистского дела. Но в ноябре 1917 года сионистское движение в целом было в полном восторге от получения Декларации Бальфура. Вейцман преуспел там, где потерпел неудачу Герцль! Одна — если не самая крупная — мировая держава пообещала евреям Палестину в качестве «национального очага». Сионистская цель, впервые определенная в Базельской программе, теперь была в пределах досягаемости.

Глава 5
Социалистический и ревизионистский сионизм (1917–1939)

Спустя два десятилетия после принятия Декларации Бальфура Хаим Вейцман оставался безоговорочным лидером мирового сионистского движения. Его близкие связи с британским правительством стали еще более важны для успеха сионистов, когда Англия получила контроль над Палестиной по «мандатной системе», созданной Лигой Наций после кошмара Мировой войны. Конечно, сам документ, утверждающий Британский мандат над Палестиной, включал в себя Декларацию Бальфура. Это связало судьбу родной земли евреев с контролем территории Англией. Таким образом, в 1917 году великий замысел Вейцмана признала не только Англия, но и международное сообщество в целом, в том числе и в рамках зарождающегося международного права.

Приверженность Англии делу сионизма пошатнулась по двум причинам. Во-первых, стало ясно, что Декларация Бальфура ничего не говорит о границах Палестины. В ней просто написано, что очаг для еврейского народа будет «в Палестине». В 1920 году британское правительство начало ясно намекать, что собирается отделить от Палестины Трансиорданию. Для значительной части сионистов это стало потрясением. Это произошло из-за обещаний арабским правителям отдать после войны эту территорию им. Такие договоренности практически полностью дублировали обещания, изложенные в Декларации Бальфура. Они имели большое значение, так как Англия желала задобрить правящую династию Хашимитов. Таким образом, 21 марта 1921 года британское правительство объявило о создании независимого Королевства Трансиордания, тем самым отделив территории, которые многие сионисты считали восточной и западной Палестиной. В будущем этот поступок станет одной из причин серьезного раскола в сионистском движении. Это было первое из многих британских решений, которое лидеры сионистов расценили как отступление от обещаний, данных в Декларации Бальфура.

Вторым важным фактором, повлиявшим на сионизм в те годы, стал постепенный подъем и объединение палестинского национального движения. Во многом оно было похоже на сионизм и возникло лишь на десятилетие позже. Распространение палестинского национализма неизбежно привело к резкому росту популярности арабской оппозиции сионистскому делу по всем направлениям. Эта оппозиция вылилась в жестокие нападения на евреев в Палестине, в экономические действия, такие как общая забастовка, и в активное убеждение британских властей полностью прекратить дальнейшую еврейскую иммиграцию. Фактически палестинцы хотели, чтобы Англия отказалась от поддержки самой идеи еврейской страны на Земле Израиля.

Но прежде чем обратиться к этим сложным темам, необходимо рассказать об одном феномене. О нем говорили в те годы, и в ретроспективе его последствия становятся все очевиднее. Речь идет о росте популярности палестинских социалистических партий сионистов. Фактически они были единственными, кто оказывал влияние на основные институты еврейского общества («ишув», на иврите) в Палестине.

Партии сионистов-социалистов появились почти сразу после возникновения самого сионистского движения. Но эти партии раздирали противоречия, свойственные мировому социалистическому движению еще до Маркса. После его смерти разногласия усилились. С одной стороны, ортодоксальные марксисты (которые обычно, хотя и не всегда, называли себя коммунистами) призывали к мировой революции, отмене любой частной собственности и созданию диктатуры пролетариата. С другой стороны, «социалисты-утописты» верили в мирный путь к социализму, в ведущую роль государства в деле планирования и управления экономикой, в национализацию основных отраслей промышленности и средств производства, в сохранение частной собственности и в демократическое правительство.

Бер Борохов, еврей украинского происхождения, создал чисто марксистское течение социалистического сионизма. Исходя из диалектического материализма, он утверждал, что евреи в диаспоре живут неправильно. Социальная структура диаспоры напоминала «перевернутую пирамиду». Подавляющее большинство евреев Восточной Европы были купцами и торговцами из низшего среднего класса, а пролетариев почти не было. Лишь в Палестине эту пирамиду можно было поставить на основание. Он предлагал создать общий арабско-еврейский рабочий класс, который стал бы большинством. Это большинство обязательно вступило бы в классовую борьбу как с еврейской буржуазией, так и с феодальными арабскими землевладельцами. Классовая война неизбежно должна привести к социалистической революции и принести истинную свободу в Палестине как евреям, так и арабам. В те годы такая смесь марксизма и сионизма приобрела множество сторонников среди палестинских евреев. Однако ей активно противостояли другие, немарксистские, социалистические и рабочие сионистские движения.

Партия общих сионистов Вейцмана была основной движущей силой в диаспоре, но в Палестине бо́льшую популярность приобрели левые движения. Они создавали различные институты — от кибуцев до мошавов, от профсоюза Гистадрут до общинной системы здравоохранения, от структуры распределения товаров до школ. Им даже удалось создать социалистическую судебную систему. Несмотря на то что эмиграция евреев из среднего класса угрожала доминирующему положению марксистского, социалистического и рабочего сионизма, в период между мировыми войнами левые политики оставались у власти.

Однако в 1920–1930-х годах в сионистском движении в диаспоре возникла новая сила, которая угрожала как общим, так и левым сионистам. Это правое движение назвали ревизионистским сионизмом. Оно было неразрывно связано с фигурой основателя — В. Е. Жаботинского. Во многом он был полной противоположностью всем предыдущим лидерам сионизма начиная с Герцля. Жаботинский родился в Российской империи. Он вырос в обрусевшей семье из верхушки среднего класса. В семье Жаботинского еврейское влияние почти не чувствовалось. Члены его семьи почти не общались с евреями и не замечали борьбы между иудаизмом и современными веяниями. После того как Жаботинскому не удалось стать российским писателем, он обратился к еврейскому национализму и стал тяготеть ко все более активному политическому, а не культурному сионизму.

Первым его большим достижением в рядах сионистов стало создание еврейских воинских соединений, известных как Еврейский легион. Они сражались в рядах британских войск в Первой мировой войне, а затем отправились в Палестину. Там Жаботинский стал основным создателем «Хаганы» — полузаконных отрядов Партии труда Палестины. За это британские власти арестовали его и посадили в тюрьму. Так он стал знаменит. Его имя стало нарицательным как в ишуве, так и в сионистских кругах в диаспоре. После освобождения Жаботинский вернулся в Восточную Европу. Не имея возможности заниматься сионизмом на родине, которая стала Советским Союзом, он создал штаб-квартиру в Варшаве. Жаботинский путешествовал по странам, где жили евреи. Его правый сионизм становился все популярнее.

Сначала он боролся с созданием Трансиордании. Жаботинский осуждал эту идею, считая ее подлой противозаконной уловкой, которую А... вехнула в нарушение Декларации Бальфура и Манда... согласие Вейцмана и других сионистов с этим «п... зделением Палестины» он считал предательством. Ло... обоих берегах Иордана» объединил его сторонников... ия как Жаботинский то входил, то выходил из Всемирно... тской организации. В конце концов он полностью отош... ее, стремясь вернуться к политическому сионизму Герц... д...

Однако ... и зрения экономики и общества Жаботинский на самом ... ел дальше от идей Герцля, чем сионисты-социалисты. Он ... ал антисоциалистический этатизм и все усиливающийся правый национализм по образу и подобию восточно-европейских протофашистских партий, которые поднимали голову в Восточной и Западной Европе в 1920–1930-е годы. Лидер рабочего сионизма Давид Бен-Гурион даже называл его «Владимиром Гитлером». Но он так и не стал абсолютным фашистом. Юные последователи набиравшего популярность движения Жаботинского одевались в черные рубашки, популярные среди правых движений того времени. Они повторяли его слова: «Все, что нужно еврею, — это обучиться ивриту и знать, как стрелять». Жаботинский утверждал, что евреи Восточной Европы должны отказаться от своих традиционных местечковых привычек. Им следовало перестать трястись от страха при мысли о Божьем гневе (Бога Жаботинский демонстративно отрицал) или о раздражении неевреев (чьему поведению он призывал подражать). Вместо этого Жаботинский предлагал евреям принять так называемый хадар — аристократическую гордость: спокойное, безэмоциональное, стойкое чувство достоинства. Им следовало гордиться своей манерой держать себя, миссией и национальной этикой. Исходя из этого, наибольшее значение имело его резкое неприятие любых территориальных или политических уступок арабам в Палестине. По его мнению, у арабов было на Ближнем Востоке много других государств, которые они могли назвать своими, в то время как евреи изо всех сил пытались добиться своего единственного. Жаботинский отрицал существование палестинской нации и законность ее призыва к «самоэмансипации». Он верил в это до самой смерти в 1940 году. По сей день мало кто из многочисленных последователей в правых сионистских кругах поддерживает его идеи.

Однако в 1930-х годах, когда экономическое и политическое положение евреев в Восточной и Центральной Европе ухудшилось из-за растущего антисемитизма и прихода к власти в Германии нацистов, правый национализм Жаботинского становился все более популярен среди еврейской молодежи в Польше и Прибалтике. В самой Палестине ревизионистский сионизм имел гораздо меньше последователей. В основном его поддерживала сравнительно небольшая часть населения — средний и низший средний классы в главных городах.

В то время всем течениям сионизма пришлось столкнуться с гораздо более серьезными угрозами в своем «национальном очаге». Во-первых, палестинцы все жестче сопротивлялись сионистам, что привело к всеобщей забастовке в 1936 году. Партизанская война против ишува продолжалась. Что еще важнее, Англия изменила свою политику по отношению к Палестине. В «Белой книге» Великобритания практически полностью отказалась от обещания Декларации Бальфура даровать евреям землю. Англия перешла к поддержке арабского палестинского населения и арабских стран, которые могли бы удовлетворить потребность Британской империи в нефти. В итоге англичане допустили по-настоящему радикальное решение «проблемы Палестины» — окончание Мандата и разделение страны на Еврейское и Арабское государства.

Бо́льшая часть сионистов с неохотой приняла это предложение, выдвинутое так называемой комиссией Пиля в 1936 году. Теперь движение возглавляли Вейцман и Бен-Гурион, председатель Еврейского агентства для Палестины. Однако предложению комиссии Пиля сопротивлялись как правые, так и многие левые. Правые отвергали любое разделение Земли Израиля. Левые, агитирующие против разделения, были антиэтатистскими социалистическими сионистами, возглавляемыми харизматичным Берлом Кацнельсоном. Он выступал против того, что называл версией Польского государства для евреев в Палестине. Также возражали и левые марксисты, которые предлагали «двунациональное» решение еврейско-арабской проблемы.

В любом случае отрицание националистическим палестинским движением самой идеи разделения обрекло это предложение на неудачу. Британский премьер-министр Невилл Чемберлен официально объявил об отказе от обещаний Декларации Бальфура. Британия стала поддерживать общее Еврейско-Арабское государство и ограничила еврейскую миграцию в Палестину. На протяжении следующих пяти лет переехать могли не более 75 тысяч эмигрантов. В определенном смысле это последнее предложение «Белой книги» ужаснуло даже больше остальных — ведь к моменту ее опубликования, 23 мая 1939 года, евреи столкнулись с кошмаром в Германии, Австрии и Чехословакии. Остальным евреям в Европе грозила смертельная опасность, вызванная агрессией нацистов.

Над 21-м Сионистским конгрессом в Женеве, собравшемся в конце августа 1939 года, навис дамоклов меч. Политика Вейцмана по опоре на Великобританию стала не только ошибочной, но и опасной. Его руководящей роли в сионистском движении, по сути, пришел конец. Его последние слова на конгрессе звучали так: «Моя единственная молитва: прошу, чтобы мы выжили и снова встретились». Через два дня началась Вторая мировая война. Судьба не только сионизма, но и всего еврейского народа повисла на волоске.

Глава 6

Сионизм во время Второй мировой войны и после нее

Реакция на «Белую книгу 1939 года» Давида Бен-Гуриона была более воинственной и в то же время трезвой, чем реакция Вейцмана. «Мы будем сражаться с Гитлером так, как если бы "Белой книги" не было. Мы будем сражаться с "Белой книгой" так, как если бы Гитлера не существовало», — говорил он. На практике в условиях, сложившихся после 1 сентября 1939 года, оправдалось лишь первое утверждение. Ситуация кардинально отличалась от 1914 и 1917 годов, когда Вейцман мог использовать влияние (или, точнее, призрак влияния) мирового еврейства для поддержки той или иной стороны конфликта. В 1939 году вопроса о том, какую сторону в новой мировой войне стоит поддерживать евреям, не возникало. Единственными евреями, противостоявшими союзникам, были коммунисты, которые после заключения пакта Молотова — Риббентропа в августе 1939 года придерживались линии партии. Еще одна небольшая группа крайне правых еврейских террористов ненавидела Англию еще больше, чем нацистов. Но евреи в целом и сионисты в частности безоговорочно поддерживали союзников.

Таким образом, сионистское движение поначалу сосредоточилось на достижении двух противоречивых целей — нелегальной эмиграции евреев в Палестину, что противоречило политике мандатного правительства и британских вооруженных сил, и попытке создать еврейские отряды в армиях союзников, схожих с Еврейским легионом времен Первой мировой войны. Англия, безусловно, была не слишком заинтересована в присутствии сионистов в армейских рядах — ведь палестинцы теперь следовали тем же путем, что и Вейцман в 1917 году. У них было множество причин поддерживать нацистов. Палестинцы надеялись, что поражение Англии в войне положит конец Мандату и присутствию сионистов в Палестине.

Более того, большое число палестинских евреев отправились волонтерами в британскую армию, не участвуя в отрядах сионистов. Они желали полного и безоговорочного разгрома стран Оси. Самой Палестине, по мере того как силы Роммеля продвигались в Египте, все больше угрожало вторжение нацистов. К счастью, его армия не дошла до Палестины. Ишув не постигла та же судьба, что и еврейские сообщества в Европе. Лишь ближе к концу войны, в сентябре 1944 года, Уинстон Черчилль разрешил создать «Еврейскую бригаду» в рядах британской армии. Его решение, принятое после получения новостей о геноциде евреев в Европе, было скорее символическим, а не вызванным военной необходимостью.

Помимо тайной поддержки нелегальной эмиграции евреев в Палестину, на протяжении первых двух лет войны сионистское движение лишь с тревогой наблюдало за, казалось бы, неостановимой поступью сил стран Оси. Все больше и больше евреев в Европе оказывалось под их властью. После войны, и в особенности когда стало известно о холокосте, выдвигались антиисторические заявления о том, что́ сионисты должны были или могли сделать, чтобы спасти европейских евреев. На самом деле сионистское движение и мировое еврейство в целом в годы войны почти не имели политической власти. Исключением был контроль над ишувом, осуществляемый Еврейским агентством. Этот контроль настолько ослаб, что Бен-Гурион прожил большинство военных лет вне Палестины — в Лондоне. Он все чаще посещал Нью-Йорк, по мере того как США, наряду с СССР, превращались в одну из важнейших мировых держав. Важно отметить, что Советский Союз активно выступал против сионизма и любых видов еврейского национализма в рядах многочисленного советского еврейского населения. Но продвижение интересов Бен-Гуриона и Вейцмана было сильно ограничено тем фактом, что еврейское общество в Америке при всем желании не могло повлиять на военную политику Рузвельта. Единственное, что оставалось американскому еврейству, — максимальная поддержка союзников. При этом они не обращали внимания на местные еврейские дела, такие как сионизм, и не выступали за вмешательство и спасение евреев в Европе от уничтожения. Безусловно, за кулисами влиятельные еврейские лидеры в США, как поддерживающие сионизм, так и нет, пытались повлиять на политику страны. Они желали рассказать о жутких убийствах евреев в Европе, но основной целью Рузвельта оставалась победа в войне. Эта цель не позволяла предпринимать никаких действий для помощи евреям, что сказалось и на отсутствии поддержки сионизма в Америке после войны.

Именно на этом фоне сионизм пережил переломный момент. В конце мая 1942 года в Нью-Йорке в отеле «Билтмор» собралась Сионистская конференция. На ней было принято решение публично объявить о негласной цели большинства сионистов — после победы союзников в Палестине следует создать «еврейское сообщество». Пусть не вполне, а только отчасти, но эти слова были эвфемизмом для обозначения независимого государства. В конце концов, в Америке, согласно конституции, «сообществами» были 4 из 50 штатов. Целью сторонников Вейцмана на так называемой Билтморской конференции была если не полная независимость от Великобритании, то хотя бы создание некого временного консорциума с Англией по автономным еврейским и арабским микрогосударствам, которые иногда, по примеру Швейцарии, называли кантонами. Бен-Гурион и его соратники видели в таком подходе типичную для Вейцмана нерешительность. Евреи отчаянно нуждались в суверенном государстве в Палестине. Его даже можно было назвать «сообществом» на встрече в диаспоре, если такое название привлечет бо́льшую поддержку, но в конце концов евреям нужно было создать именно свое государство.

На самом деле программа Билтморской конференции не сразу получила признание. В то время ее затмили новости о войне. Медленно, но неумолимо мир узнавал о жутком уничтожении шести миллионов евреев в Европе. Сначала лидеры сионистов и других еврейских сообществ по всему миру отказывались верить в невероятные истории о гетто и лагерях смерти, но вскоре им пришлось принять реальность. Такого преследования евреев в мировой истории еще не было. Возможно, самое большое сопротивление принятию реальности холокоста оказали иудеи: как Господь мог допустить убийство шести миллионов евреев, уже не говоря о Боге Израиля, который избрал евреев «среди всех народов»?! Малоизвестное стихотворение, написанное на идише американской поэтессой-сионисткой из Восточной Европы Кадей Молодовской, начиналось следующим образом:

> О милосердный Господь,
> Избери иной народ.
> Мы устали от смерти, устали от трупов.
> У нас не осталось больше молитв.
> Избери иной народ.
> Мы истекли кровью.

Если оставить в стороне теологические трудности, то в повседневной жизни в ответ на холокост среди евреев по всему миру стремительно обретал популярность сионизм. До 1945 года сионистов среди евреев было мало. Им активно противостояли как ортодоксальные, так и реформистские раввины. Эмансипированная светская элита, верившая в интеграцию евреев в общества тех народов, среди которых они жили, не принимала сионистов. Прагматики считали, что сионизм, сколь бы притягателен ни был его идеал, совершенно непрактичен, особенно если учитывать противодействие палестинцев, да и всего арабского мира, любой такой затее.

После 1945 года внутриеврейская оппозиция сионизму начала терять свою популярность. Сионистам теперь противостояли лишь небольшие ультраортодоксальные группы и остатки антинационалистического крыла реформистского движения.

Фотографии, и в особенности кинохроники из лагерей смерти, произвели на евреев неизгладимое впечатление. Немыслимые свидетельства — горы трупов, истощенные полуживые люди, крематории и агония десятков тысяч евреев в лагерях для перемещенных лиц в Германии и других странах — ужаснули их. Евреи оказались в безнадежной ситуации. Множество беженцев просто хотели жить там, где им ничего не будет угрожать. Но подавляющее большинство еврейских перемещенных лиц, независимо от своих довоенных политических или религиозных взглядов, стали преследовать лишь одну цель — переехать в Палестину и жить в Еврейском государстве, в котором подобный ужас никогда бы не повторился.

Таким образом, официальные еврейские организации на Западе стали поддерживать движение за независимое Еврейское государство в Палестине. К этой цели стремились такие сообщества, как Американский еврейский комитет, «Бней-Брит» и (реформистская) Центральная конференция американских раввинов.

Однако ситуация в Палестине едва ли была благоприятной для сионистов. И тогда, и в дальнейшем как евреи, так и арабы утверждали, что Англия поддерживала именно их противников. У каждой стороны было достаточно доказательств своей точки зрения. Действительно, после 1945 года сионисты в Палестине стали придерживаться второй части девиза Бен-Гуриона — сражаться с «Белой книгой» так, как если бы Гитлера не существовало. Безусловно, борьба против Англии шла параллельно с борьбой против арабов. Последние теперь были свободны от военных альянсов и сосредоточились на победе над сионистами и разрушении их планов по основанию Еврейского государства на территории, которые арабы единодушно рассматривали как свою собственную.

Реальная борьба переместилась в города, местечки и деревни в самой Палестине. Сионисты создали четыре различные «подпольные» организации: «Хагану», военизированное крыло партии рабочего сионизма, ее элитную ударную группу под названием «Пальмах», «Иргун» («Эцель», на иврите) — военное крыло реформистского движения, возглавляемого Менахемом Бегиным после безвременной кончины в 1940 году Жаботинского, и так называемую «Банду Штерна» («Лехи», на иврите) — ответвление Иргун, придерживающееся более радикальной правой идеологии и действующее террористическими методами.

Сторонники «Хаганы» — безусловно, самой многочисленной группировки — поначалу изо всех сил пытались разрешить противоречия в своих взглядах. Некоторые призывали бороться с Англией, а некоторые — с арабами. Были и сложности в отношениях с «Иргуном». В конце концов они пришли к политике «сдержанности». «Хагана» участвовала только в операциях по самообороне и отказалась от партизанской войны с арабами и британцами. Участники «Пальмаха» официально придерживались таких же взглядов, но у них было собственное руководство, которое исходило из идеологии кибуцев и их общинного духа. Они более активно атаковали британские военные объекты. Их военные части отличались высокой организацией. Сторонники «Иргуна» всем сердцем верили в необходимость полномасштабной войны как с арабами, так и с британцами. Их самый (печально) знаменитый поступок — подрыв центрального аппарата Мандата в гостинице «Царь Давид» в Иерусалиме 22 июля 1946 года. Тогда погиб 91 человек, в основном гражданские.

Бегин и другие участники «Иргуна» утверждали, что работникам отеля перед взрывом велели эвакуироваться из здания. Они говорили, что «Хагану» проинформировали о нападении и что они координировали поддержку боевиков «Иргуна». Этот взрыв стал символом борьбы евреев с Британским мандатом, хотя Бен-Гурион и другие руководители «Хаганы» утверждали, что выступают против подобной «террористической» деятельности. Сторонники «Лехи» посвятили себя тотальной войне против арабов и англичан. Для них было неважно, что другие евреи и неевреи называют их террористами. Самой заметной операцией этого движения до 1948 года стало убийство британского статс-секретаря в Палестине лорда Мойна 6 ноября 1944 года. Его устранили якобы из-за его несогласия с целями сионистского движения. Несомненно, что это была смелая демонстрация духа еврейских вооруженных сил в деле борьбы с нееврейскими правителями.

Медленно, но верно британское правительство приходило к выводу, что положение в Палестине стало для англичан безвыходным. Британские солдаты, полицейские и простые люди умирали ради практически никому не понятных целей. Хотя упрямцы вроде Черчилля верили, что Британскую империю еще можно спасти и что контроль над Палестиной был необходим для ее выживания, в кругу реалистов в Уайтхолле и среди английской общественности стала формироваться точка зрения на разногласия в Палестине, которую вкратце можно охарактеризовать как «чума на оба ваших дома». Сначала был создан Англо-американский комитет по вопросу о Палестине. Обе страны пришли к выводу, что ни арабы, ни евреи не должны создавать свои независимые государства. Но это подобие союза между Англией и Америкой распалось после призыва президента Трумана немедленно пустить 100 тысяч еврейских беженцев в Палестину. Британия решительно воспротивилась такому плану. Таким образом, в мае 1947 года Англия объявила о передаче палестинского вопроса в руки недавно образованной Организации Объединенных Наций (ООН). Годом позже, 15 мая 1948 года, страна в одностороннем порядке вышла из Мандата на Палестину.

Естественно, что подобное решение привело к политическим интригам лидеров сионистов и палестинцев. Последние абсолютно ясно дали понять, что будут против любой передачи территории Палестины евреям. Весь арабский мир поддержал их. Единственным исключением стал король Иордании Абдалла. Он молчаливо поддерживал компромисс с сионистами и регулярно тайно встречался с их руководителями, хотя ему было запрещено делать любые публичные заявления в их поддержку.

Как в Палестине, так и в еврейской диаспоре подавляющее большинство еврейских и сионистских активистов теперь поддерживали разделение Палестины на арабское и Еврейское государства.

Им противостояли четыре различные группировки. Ревизионисты открыто выступали против любого территориального компромисса и твердо придерживались идеи о Еврейском государстве «на обоих берегах реки Иордан». Среди левых до сих пор оставалась популярна идея о двунациональном государстве, которой придерживались марксистские сионисты. Того же хотели и в небольшой немарксистской партии «Ихуд» («Единство»). Они были наследниками движения 1930-х годов «Брит Шалом» и тяготели к пацифизму. В этой партии состояли многие крупные интеллектуалы, в основном немецкого происхождения, такие как Мартин Бубер, Гершом Шолем и раввин Иехуда Магнес, ректор Еврейского университета в Иерусалиме. В 1947 году Бубер и Магнес открыто выразили свое несогласие с сионистами, выступив против разделения перед Специальным комитетом ООН по Палестине. Они призывали к экономическому союзу еврейских и арабских «кантонов» в Палестине. Наконец, несколько человек из ближайшего окружения Бен-Гуриона поддерживали разделение, но чувствовали, что время для заявлений о независимости еще не пришло. Они предвидели опасность вооруженного нападения на Израиль соседних арабских стран в союзе с местными палестинскими отрядами.

Непоколебимая поддержка независимости Бен-Гурионом получила значительное подкрепление с абсолютно неожиданной стороны — из Советского Союза. В разгар дебатов о разделении Палестины в Генеральной Ассамблее советский посол, А. А. Громыко, произнес страстную речь. Он полностью изменил многолетнее отношение Союза к сионизму. Громыко объяснил, что в теории двунациональное государство лучше, но страдания еврейского народа в годы Второй мировой войны и то, что ни одна западная держава, в отличие от СССР, не пришла на помощь евреям, истребляемым Гитлером, дают евреям право на независимое государство в Палестине. В ретроспективе становится ясно, что такой подход соответствовал реальной политике Сталина. С уходом Великобритании с Ближнего Востока образовывался вакуум власти, который стремился заполнить Советский Союз. Арабские страны были консервативными монархиями, управляемыми королями и муллами. Они испытывали отвращение к советской системе. С другой стороны, среди сионистов имелось большое число просоветских левых марксистов, которые поддержали бы любое решение Сталина. Также среди сионистов были легко поддающиеся влиянию социалисты немарксистского толка. Они могли склонить новую страну если не на советскую сторону, то в растущий лагерь «неприсоединившихся» стран, таких как Индия или Югославия. Таким образом, можно было рассчитывать на то, что будущее Еврейское государство встанет на сторону Советов против растущей угрозы американского империализма.

В результате изменения советской политики 29 ноября 1947 года на голосовании по плану о разделении не только СССР, но и его сателлиты — Польша, Чехословакия, Украинская и Белорусская ССР — проголосовали за. Эту идею поддержали также США, другие западные демократические страны и большинство государств Латинской Америки. Без советского блока голосов бы просто не хватило. Из-за странных правил Генеральной Ассамблеи для принятия резолюции требуется большинство в две трети голосов всех присутствующих и голосующих стран (то есть без учета воздержавшихся). Таким образом, для одобрения плана по разделению требовался 31 голос. Его поддержали 33 участника.

Большинство сионистов весьма обрадовалось результатам этого голосования. Долгожданное Еврейское государство в Палестине теперь стало достижимым. Однако возникло два значительных препятствия. Во-первых, уже после голосования США начали отказываться от поддержки разделения. Бен-Гурион и Вейцман всеми силами пытались противостоять этому повороту на 180 градусов. С другой стороны, в конце апреля — начале мая 1948 года раввин Иехуда Магнес неожиданно совершил тайную поездку в Вашингтон. Он пытался убедить президента Трумана выступить против неминуемого объявления независимости Еврейского государства. К тому времени Магнес не выражал точку зрения своей партии «Ихуд». Им двигал страх перед массовым кровопролитием в случае начала арабо-еврейской войны.

Разумеется, столкновения начались сразу же после голосования о разделении. В те времена между палестинцами и евреями шла, по сути, гражданская война. Но по мере того как день ухода Англии из Палестины — 15 мая 1948 года — приближался, становилось ясно, что окружающие Палестину арабские страны

Илл. 4. 14 мая 1948 года, когда войска Британского мандата готовились к уходу из Палестины, Давид Бен-Гурион, глава сионистского протоправительства, провозгласил Декларацию о независимости Государства Израиль. В ней отразились его светские и социалистические представления о сионизме. О Боге или о божественном обетовании Святой Земли евреям там не было сказано ни слова

вступят в борьбу с непредсказуемым результатом. На самом деле страх перед этой войной пробрался в самое сердце сионистского движения в ишуве. Конечно, Бен-Гурион был главным сторонником немедленного объявления независимости в тот же день, когда английский флаг последний раз будет спущен над Палестиной. Но даже в его ближайшем окружении несколько человек выступали против объявления независимости. На окончательном голосовании шесть человек были за, а четыре — против. Подобно референдуму в ООН о разделении, голосование за создание Государства Израиль легко могло пойти другим путем.

И вот ближе к вечеру пятницы 14 мая 1948 года, за несколько часов до того, как в полночь должен был истечь срок действия Британского мандата на Палестину, Давид Бен-Гурион поспешно составил план исторического события, кульминации сионистской мечты с 1897 года: провозглашения независимого Еврейского государства в Палестине, которое будет называться Государством Израиль.

В каком-то смысле выбор такого названия для нового государства был необычным. В Библии Израилем называлось Северное царство, которое так и не избавилось полностью от язычества. Следовательно, оно проиграло Южному царству, богоизбранной Иудее. Но, по замыслу Бен-Гуриона, название «Государство Иудея», или «Еврейское государство», не вызвало бы такого же отклика, как «Исраэль», из-за тысячелетней связи этого имени с еврейским народом во всем мире — ам Исраэль — и с Землей Израиля — Эрец-Исраэль.

Итак, в ту же пятницу днем Декларацию независимости Государства Израиль зачитали на торжественной церемонии в Тель-Авиве. Ее текст бесконечно переписывали. Окончательная версия была принята незадолго до церемонии. Бен-Гуриону пришлось читать ее с отпечатанного на машинке листа бумаги, а не со свитка, который был торжественно подписан позже.

В самом тексте описывался светский, умеренный, социалистический сионизм, которого придерживалось большинство его составителей. Взгляды ортодоксальных, ревизионистских и марксистских сионистов осторожно отвергались. Наиболее цитируемым в последующие десятилетия стал отрывок о социальной справедливости и свободе вероисповедания. Государство

> ...приложит старания к развитию страны на благо всех ее жителей; оно будет зиждиться на принципах свободы, справедливости и мира, в соответствии с предначертаниями еврейских пророков; осуществит полное гражданское и политическое равноправие всех своих граждан без различия религии, расы или пола; обеспечит свободу вероисповедания, совести, выбора языка, образования и культуры; будет охранять святые места всех религий...

Не менее известным, хотя и часто игнорируемым в официальных переводах Декларации фактом было преднамеренное и подчеркнутое опущение слова «Бог» в основополагающем документе Еврейского государства. Напомним, что ни Бен-Гурион, ни большинство его коллег не верили ни в какую традиционную концепцию божества. Чтобы успокоить нескольких ортодоксальных деятелей, приглашенных подписать Декларацию, составители остановились на фразе «Зур Исраэль» — «Скала Израиля», которая является одним из эвфемизмов, используемых в еврейских богослужениях для обозначения Бога, но также может быть истолкована нетеистическим символическим образом или даже буквально как Земля Израиля.

Гораздо менее известно следствие этой проблемы. Возможно, оно было даже более радикальным и секулярным. В Декларации никак не упоминается о божественном обетовании Земли Израиля евреям. Зато в ней говорится, что на Земле Израиля еврейский народ дал миру «Книгу книг» — то есть Библия была создана еврейским народом на их собственной земле, а не открыта Богом израильтянам на Синае. С сионистской точки зрения краткая история евреев выглядела так: Земля Израиля была местом, где возник еврейский народ и где он достиг политического суверенитета. Потеряв свое государство и будучи изгнанными со своей земли, евреи никогда не переставали молиться о его возрождении. Незадолго до этого они начали возвращаться на эту землю в качестве первопроходцев. Их иммиграция привела в 1897 году к основанию Теодором Герцлем сионистского движения. Другими словами, между 70 годом нашей эры и Герцлем у евреев не было никакой истории, кроме надежды вернуться на Землю Израиля.

В Декларации говорилось, что эта надежда стала еще более актуальной из-за убийств евреев в годы Второй мировой войны. Новое государство сразу же открыло свои границы для еврейской иммиграции со всего мира. Составители Декларации знали, что после ее принятия начнется война с арабским миром. В документе говорилось:

Мы протягиваем руку мира и добрососедства всем соседним государствам и их народам и призываем их к сотрудничеству и взаимопомощи с независимым еврейским народом в его стране. Государство Израиль готово внести свою лепту в общие усилия на благо прогресса всего Ближнего Востока.

Возможно, ключевым элементом Декларации было простое предложение, в котором кратко излагалась центральная идея сионистского движения с 1870-х годов, когда разворачивалась предыстория современного еврейского национализма. Право евреев создать государство на своей древней земле — это «естественное право еврейского народа, как и любого другого народа, быть хозяином своей судьбы в своем суверенном государстве».

Сионизм добился того, о чем мечтал Герцль, покидая Первый конгресс в Базеле. И пока чернила на Декларации высыхали, Юнион Джек был в последний раз спущен над резиденцией британского верховного комиссара по делам Палестины. Вместо него подняли сине-белый флаг нового Государства Израиль. Оно готовилось к скорой войне и к сложным задачам, лежащим на пути создания и управления настоящим государством, вместо того чтобы лишь мечтать о нем.

Глава 7

Сионизм
в Еврейском государстве
(1948–1967)

После провозглашения Декларации независимости история сионизма стала неразрывно связана с судьбой нового Государства Израиль. В диаспоре все еще оставалось большое число сионистов, но их влияние в движении практически сошло на нет. Они стали финансово и политически поддерживать новое государство. Возможно, самым красноречивым признаком этих перемен стало отстранение Бен-Гурионом Вейцмана от руководства за несколько недель до провозглашения независимости. Человека, который возглавлял и олицетворял сионистское движение на протяжении трех десятилетий, даже не пригласили на подписание Декларации независимости. Конечно, позже Вейцмана назначили первым президентом Израиля, но Бен-Гурион позаботился о том, чтобы он не оказывал реального влияния на политику. Его должность стала, по сути, исключительно церемониальной.

Но идеология сионизма после создания Израиля не перестала развиваться. Действительно, в следующие десятилетия реалии и надежды нового государства привели к резким изменениям в основополагающей идеологии.

Во-первых, во время так называемой Войны за независимость, с 29 ноября 1947 года и до подписания мирных соглашений в 1949 году, сионистскому государству пришлось серьезно заняться вопросом борьбы двух народов за контроль над одной и той же территорией. Таким образом, самая противоречивая глава в истории нового Государства Израиль связана с тем, что случилось с местным палестинским населением в ходе сражений, имевших место после основания государства. На протяжении десятилетий верные идее сионизма историки постоянно утверждали, что арабское население добровольно бежало из палестинских городов и деревень. Лидеры подстрекали их, убеждая, что скоро палестинцы вернуться и сбросят евреев в море. Напротив, палестинские историки и их сторонники говорили, что, в соответствии с существовавшим ранее планом, арабов безжалостно изгнали с их земли. Их насильно выселяли из домов и отправляли в ссылку в соседние страны. Этот процесс назвали «Накба» — катастрофа.

Две версии этих событий сосуществуют и по сей день. Но в последние годы израильские историки полностью пересмотрели свой взгляд на события 1948 года. Они признали, что палестинцев действительно высылали из различных частей страны. Даже израильские лидеры, такие как Ицхак Рабин, в своих мемуарах подтвердили депортацию палестинцев из Лода и Рамлы. В одном из классических произведений израильской литературы, «Хирбет Хизе» С. Изхара, впервые изданном в 1949 году, речь идет именно о депортации. Подобно другим массовым исходам беженцев, таким как перемещение населения после создания Индии и Пакистана, произошедшее лишь годом ранее, события в Израиле сочетали в себе принудительные выселения, паническое бегство и полный хаос. Представители элиты палестинского общества быстро переехали в безопасные места в арабских и других странах. Бедняки же оказались меж двух огней — между стремлением израильтян избавиться в новой стране от максимального числа арабов и желанием остаться на землях, которые они считали своей древней родиной.

По сути, израильское руководство на протяжении первых нескольких десятилетий существования страны не могло признать, что основополагающий принцип, изложенный в Декларации независимости — наличие «естественного права любого народа быть хозяином своей судьбы в своем суверенном государстве» — также должен работать и для палестинцев. Действительно, вплоть до конца XX века многие израильские лидеры отрицали существование палестинского народа. В то же время палестинское руководство не признавало еврейский народ и его право на владение Палестиной.

Формальное признание равных прав в Израиле арабского меньшинства в Декларации независимости решило эту первую проблему сионизма в новом государстве. Для арабов также было установлено военное положение, длившееся до 1966 года. После Шестидневной войны 1967 года «арабская проблема» крайне обострилась. Она стала основной в политике Израиля.

Кроме того, в первые годы существования государства остро встал второй вопрос сионизма — «объединение изгнанников». Сразу после провозглашения независимости границы Израиля открылись для евреев со всего мира. За четыре года в страну прибыли 687 624 человека. Население Израиля удвоилось по сравнению с периодом до создания государства.

Правительство не подготовилось должным образом к решению сложнейшей задачи обеспечения этих эмигрантов жильем и питанием. В процессе интеграции новоприбывших страна, почти не имея природных ресурсов, столкнулась с тяжелым экономическим кризисом, который длился несколько лет. Более того, сионистский план скорого переезда евреев со всего мира в Израиль столкнулся с необходимостью изменений. Подавляющее большинство иммигрантов прибывало из стран, где евреев подвергали преследованиям и угнетали (иногда из-за их сочувствия сионизму), или оттуда, где экономическая ситуация не позволяла им жить полноценно и безопасно. Так, в первое десятилетие самое большое число евреев приехало из Ирака и Румынии. Их примеру последовали сотни тысяч евреев из других мусульманских и коммунистических стран. Большим потрясением для сионистов стало то, что евреи не хотели эмигрировать из свободных и преуспевающих стран — Северной и Латинской Америки, Западной Европы, Южной Африки и Австралии. Самое главное, что к 1954 году евреев в США, которые оказывали наибольшую финансовую и политическую поддержку новому государству, было около пяти миллионов, однако в том году из Америки в Израиль приехало лишь 349 человек. В первые пять лет существования страны только 3437 американских евреев переехали в Израиль, что составило около 0,5 % от всех эмигрантов.

У Бен-Гуриона и других израильских лидеров ушло несколько лет на то, чтобы осознать этот очевидный факт. Если одним из столпов сионистской идеи было создание безопасного убежища для нуждающихся евреев, то другим столпом была вера в то, что само существование государства побудит евреев, даже живущих в политически свободных и экономически благополучных странах, добровольно приехать в Израиль для участия в масштабном сионистском проекте. Последнее убеждение пришлось пересмотреть в корне, так как в последующие десятилетия ситуация не изменилась. Так, после того как в начале 1960-х годов Марокко стало независимым от Франции, большинство евреев решило его покинуть. Но выбор страны переезда целиком зависел от благосостояния переселенцев — богатые уехали во Францию или в Квебек, а бедные — в Израиль.

Такая ситуация приводит нас к еще одной фундаментальной проблеме, с которой Израиль столкнулся в ходе интеграции новоприбывших и осуществления сионистской мечты. Между евреями-ашкенази и мизрахим — приехавшими из мусульманских стран (их часто неверно называют сефардами, хотя на самом деле последний термин обозначает лишь евреев родом с Иберийского полуострова) — была значительная разница. Конечно, и до 1948 года существовали сефардские и мизрахские сионисты, в том числе и влиятельная группа евреев из Йемена, которые переехали в Палестину в начале сионистской миграции. Но они были незначительным меньшинством среди еврейского населения Палестины, а позже — Израиля. Во власти их представителей практически не было. Так, лишь двое мизрахим подписали Декларацию независимости. Более того, Бен-Гурион и его соратники придерживались взгляда на еврейскую историю, основанного на жизни евреев в Европе. Они считали, что, когда евреи перейдут в «современную эпоху», народ полностью изменится. Для

Илл. 5. В течение четырех лет после создания Государства Израиль в 1948 году 687 624 еврейских эмигранта прибыли в страну со всех концов Земли. Большинство — как семья на этой фотографии — приезжали в порт Хайфы. Государство размещало их во временных домах, где они жили до постройки постоянного жилья

начала евреи откажутся от устаревших религиозных взглядов и практик и примут новый, светский образ жизни и мировоззрение. Затем в ходе этого процесса они избавятся от внешних факторов, приобретенных во время «изгнания» — от таких языков диаспор, как идиш, сефардский и еврейско-арабский, и от культур, которые возникли с опорой на эти языки.

Другими словами, Бен-Гурион и его соратники ставили всем в пример европейских евреев. Выходцев из сефардских и мизрахских сообществ, а также ультраортодоксальных ашкенази они считали в культурном плане отсталыми, ибо те не вписались в процесс всемирной «модернизации». Таких евреев необходимо было переделать в современных людей еще до того, как они станут израильтянами. Это глубокое культурное предубеждение шло рука об руку с экономическим кризисом первых лет существования государства, что приводило к тому, что евреев не из Европы размещали в куда худших условиях, чем ашкенази. Часто их селили во временных палаточных лагерях и назначали на низкооплачиваемые должности.

Более того, основная идея объединения изгнанников, с точки зрения Бен-Гуриона и его соратников, заключалась в необходимости переделать новоприбывших в настоящих израильтян. Этого предлагалось достичь, объединив влияние светского школьного образования и армии. Но реальность оказалась сложнее. Партии религиозных сионистов в парламенте (теперь он назывался Кнессетом в честь полулегендарного Великого Собрания древних иудеев) и даже участники коалиции Бен-Гуриона с начала эмиграции евреев-мизрахим после провозглашения независимости яростно возражали против отправки детей новых эмигрантов в светские сионистские школы, действовавшие параллельно с ортодоксальными сионистскими учебными заведениями, которые с уважением относились к традиционным религиозным верованиям и практикам. Действительно, несогласия по этому вопросу привели к нескольким кризисам в новом государстве. В конце концов Бен-Гурион, как всегда, добился своего, сделав небольшие уступки.

Но даже партии религиозных сионистов не осмеливались оспаривать монополию армии Израиля в деле трансформации всех иммигрантов — из Ирака, Польши и Южной Африки — в новых евреев. Их не только сделали превосходными солдатами, но и обучили новому ивриту, культуре, характеру. Для обозначения еврея, родившегося в Палестине/Израиле, появилось понятие «сабра». Оно происходило от названия опунции, кактуса, мягкого внутри, но колючего снаружи. Подобно этому растению, израильские солдаты должны были стать твердыми как камень снаружи, но остаться человечными и нравственными внутри. Им надлежало быть бесстрашными в сражении с любым врагом, чтобы никогда больше не проявлять слабость перед лицом силы, угроз или вооруженных атак неевреев. Стереотип еврея, отправляющегося во время холокоста на смерть, как «овца на бойню», служил мощным негативным примером для новой израильской самоидентичности.

Конечно, в то время никого не заботило, что этот новый еврей был мужского рода. Было неясно, как в образ идеального израильтянина впишется женщина. Однако уже в сентябре 1949 года Закон о военной службе обязал женщин служить в Армии обороны Израиля. Их срок службы был чуть короче, чем у мужчин. До 2015 года Израиль оставался единственной в мире страной с призывниками-женщинами. Позже его примеру последовала Норвегия, а также о своем плане призывать женщин объявила Северная Корея. Вопросы о том, как с женщинами обращаются в армии, можно ли им сражаться в боевых частях и продвигаться по службе на высшие должности, мало-помалу становились все острее. В более общем плане в 1950 году Кнессет принял Закон о женском равноправии. В нем запрещалась дискриминация женщин в любой области, но у парламента оставались полномочия принимать законы о женщинах, что было важно в контексте пособий по беременности и родам. Но имелось и существенное исключение из этого гендерного равенства. Законы о личном статусе, регулирующие брак, развод и усыновление, передали в ведение религиозных судов. Так же поступали и в Османской империи, а позже — во времена Британского мандата. Таким образом, браки, разводы и другие вопросы «личного статуса» решались в религиозных судах. У евреев в судах работали только ортодоксальные раввины. У мусульман действовали суды шариата, у христиан — суды различных конфессий, а у друзов — суды для последователей этой религии. Хотя эти верования во многом отличались друг от друга, женщин в любом случае дискриминировали в вопросах брака и развода.

Но это была лишь одна, хоть и важная уступка из ряда уступок, которые Бен-Гурион и его партия «Мапай» сделали несионистским и антисионистским группам. Это было необходимо, чтобы перед образованием нового государства избавиться от споров о разделении в Специальном комитете ООН по Палестине и в англо-американских комитетах. Эти уступки были частью так называемого соглашения о статус-кво, которое Бен-Гурион заключил с «Агудат Исраэль» в 1947 году. По крайней мере, большинство считает, что дело было именно так, хотя один известный израильский ученый и сомневается, что такое соглашение между двумя партиями вообще существовало.

В любом случае, атеистический, светский умеренный социалист Бен-Гурион проводил политику, которая передала в ведение религиозных судов вопросы личного статуса. Также он обещал, что шаббат и еврейские праздники будут в новом государстве официальными выходными. Он заявлял, что пища в армии и во всех государственных учреждениях будет кошерной. Бен-Гурион утверждал, что у ультраортодоксальных иудеев будет собственная, отдельная система школ, параллельная государственным светским и ортодоксальным сионистским школам. Как бы нечаянно он дал обещание, что молодые мужчины-ультраортодоксы, обучающиеся в иешивах (институтах для изучения Талмуда), будут освобождены от армейской службы. Бен-Гурион согласился на это, поскольку верил — или, скорее, интуитивно понимал, что это только временное явление, которое касается лишь нескольких сотен человек. По мере развития государства и неизбежной секуляризации в израильском обществе такой квазисредневековый образ жизни просто исчезнет, растворится в новом, прогрессивном Еврейском государстве.

Кроме того, освобождение от военной службы стало результатом судьбоносного решения, принятого Бен-Гурионом после первых выборов в Кнессет 25 января 1949 года. Часто говорят, что с начала существования Израиля в Кнессете не могло быть светского большинства. Следовательно, в правительство должны были войти религиозные партии. Простой подсчет показывает, что это не так. Рабочие сионисты из партии «Мапай» и сионисты-марксисты из партии «Мапам» вместе заняли бы 65 мест — абсолютное большинство в Кнессете, состоящем из 120 кресел. Если Бен-Гурион включил бы в коалицию две другие сионистские партии — прогрессивистов и общих сионистов — они заняли бы целых 73 места. Таким образом, никакой нужды в уступках религиозным партиям не было.

Этого не произошло по той простой причине, что внутренние раздоры, склоки и противоречия в среде израильских левых были настолько глубокими и сильными, что их невозможно было преодолеть. Дебаты о противостоянии марксизма и идеологии А. Д. Гордона, раскол в кибуцном движении между приверженцами социал-демократов «Мапай» и марксистов «Мапам», глубокая пропасть между безоговорочной поддержкой «Мапам» Советского Союза и медленного, но неизбежного перехода членов партии на сторону США на фоне разворачивающейся холодной войны, и наконец, сильные личные противоречия между сторонниками социалистического сионизма привели Бен-Гуриона к созданию коалиции, которая состояла из Объединенного религиозного фронта, а также прогрессивистов и общих сионистов. «Мапам» в коалицию не вошли.

Единственной партией, которую Бен-Гурион ненавидел даже больше, чем «Мапам», была правая партия «Херут», возглавляемая Менахемом Бегиным. До войны рабочие сионисты и сионисты-ревизионисты заключили соглашение об объединении сил против англичан. Но яростная вражда между соперничающими идеологиями и движениями не прекращалась. Бен-Гурион не пригласил Бегина на подписание Декларации независимости 14 мая 1948 года. Имени Бегина не было в числе отцов-основателей государства. Но самый глубокий раскол между рабочими сионистами и ревизионистами произошел, безусловно, вскоре после образования государства. Бен-Гурион настаивал на том, что все независимые воинские части еврейской Палестины должны объединиться в новообразованную Армию обороны Израиля, созданную по образцу «Хаганы». Члены «Пальмаха», а также «Иргуна» и «Лехи» возражали. Их идеология исходила из кибуцев. Они обладали собственной общинной культурой. В первые месяцы 1948 года «Иргун» втайне получил большое количество оружия, которое ему пожертвовало французское правительство для борьбы в Войне за независимость. Прибытие корабля «Альталена» (один из псевдонимов Жаботинского) с командой из 940 волонтеров отложили. Он пришел к берегам Израиля в середине июня, во время первого прекращения огня между Армией обороны Израиля и арабскими войсками. Скорее всего, Бегин не знал о том, когда корабль прибудет. Но когда судно приблизилось к берегам нового государства, он вступил в яростные дебаты с Бен-Гурионом о том, сколько оружия достанется «Иргуну», а сколько отойдет Армии обороны Израиля. В конце концов Бен-Гурион настоял на том, что существование независимой, идеологизированной «армии внутри армии» для современного государства недопустимо. Когда «Альталена» причалила, Бегин отверг ультиматум Бен-Гуриона о капитуляции. Армия обороны Израиля открыла по кораблю огонь, там начался пожар. В результате были убиты 32 бойца «Иргуна» и два солдата Армии обороны.

Обе стороны — и особенно оба лидера — так и не простили друг друга. Бен-Гурион считал взгляды Бегина околофашистскими, а самого Менахема Бегина — разжигателем гражданской войны в хрупком новообразованном государстве. До конца жизни Бен-Гурион не называл Бегина по имени. Менахем же обвинял Бен-Гуриона в жажде власти и готовности пролить даже еврейскую кровь ради своих гнусных целей.

Делегитимизация ревизионистских сионистов — в то время это была партия «Херут» — зашла гораздо дальше личных предпочтений Бен-Гуриона. Рабочая партия управляла основными структурами власти в новом государстве, от армии и Кнессета до Федерации труда «Гистадрут» (через которую гражданам предоставлялось большое число рабочих мест) и до крупных торговых точек и производственных предприятий. В первые десятилетия существования Израиля отсутствие связей в этих организациях было экономически и социально невыгодным. Многие известные ученые, бывшие сионистами-ревизионистами, не могли получить работу в Еврейском университете, который также контролировался руководством рабочей партии.

Вскоре Бегина и «Херут» стали считать полными изгоями в политической жизни страны. В 1952 году правительство Бен-Гуриона объявило, что вступило в переговоры с Западной Германией о получении репараций за убийство шести миллионов евреев во время холокоста. Для Бен-Гуриона и его сторонников это было справедливо с моральной точки зрения — правительство считало себя законным наследником убитых европейских евреев. Также они утверждали, что средства Германии позволили бы Израилю достичь своей новой главной цели: интегрировать миллионы евреев, возвращающихся домой, в Еврейское государство. Бен-Гурион прекрасно понимал, что эта сделка дурно пахнет. Немецкий термин *Wiedergutmachung* — «исправление» — может быть истолкован как снятие с немецкого народа ответственности за геноцид евреев. Но для Бен-Гуриона отчаянное положение экономики Израиля и праведное дело «сбора изгнанников» перевесили любые колебания.

Бегин и другие лидеры «Херута» рассматривали соглашение о репарациях как настоящее предательство миллионов замученных в Европе евреев. Они называли репарации «кровавыми деньгами», которые Израиль ни в коем случае не должен был брать. Когда Кнессет обсуждал этот вопрос, Бегин возглавил протестующих, выступавших за насильственное свержение правительства и аморального премьер-министра. В итоге переворот так и не случился. Закон о репарациях приняли, а Бегина удалили из Кнессета на три месяца. Но на протяжении следующих 15 лет (с 1952 по 1967 год) «Херут» как партия и ревизионистский сионизм как идеология оставались на задворках израильской жизни и политики.

Вопрос о том, насколько возглавляемое партией «Мапай» правительство в первые десятилетия существования Израиля внедряло там какую-либо форму социализма, остается предметом ожесточенных споров. Определенно, в Израиле присутствовали все основные элементы европейского социального государства: бесплатное образование, здравоохранение и жилье, сильный общенародный профсоюз, который контролировал значительную часть рынка труда. С другой стороны, уже в 1935 году в Палестине создали прототип фондового рынка. В 1953 году начала работу полноценная фондовая биржа, несмотря на то что количество достаточно крупных для размещения акций компаний было крайне невелико. Однако число семейных магазинчиков, ремесленных мастерских и небольших предприятий розничной торговли росло. Капиталистический сектор экономики, о котором не говорили основатели рабочего сионизма, увеличивался.

Наиболее успешным воплощением социализма на практике оставались кибуцы. Из них вышло большое число политических и военных лидеров. В марксистских кибуцах сохранялось общественное владение средствами производства и общинный подход к воспитанию детей. Но спустя годы полный запрет на частную собственность был смягчен. Жителям кибуцев разрешалось владеть все бо́льшим числом типов мелкой собственности — сначала одеждой, радио, проигрывателем, иногда кухней для приготовления пищи. В кибуцах, больше связанных с «Мапай», а не с «Мапам», детей стали воспитывать родители, которые утверждали, что нуклеарная семья для людей естественна, что она не является социальной патологией и признаком буржуазного индивидуализма.

На глубинном уровне кибуцы и их социалистическая идеология прививали израильскому обществу непоколебимую веру в то, что коллективизм, а не индивидуализм, определяет поведение человека. Уникальные таланты, умения, надежды и мечты индивида должны принадлежать коллективу. Первоначально коллективом называли еврейский народ, иешиву, партию или класс. Но все больше под коллективом стали подразумевать государство. Было изобретено новое слово для выражения этой позиции — «мамлахтиют» (mamlachtiyut), которое можно перевести как «этатизм». Хотя, безусловно, граждане Израиля (или, по крайней мере, израильские граждане-евреи) пользовались правами, перечисленными в Декларации независимости, на практике эти права часто были подчинены благу государства.

Возможно, самым ярким примером этой новой реальности стал вопрос о принятии конституции. В Декларации независимости было обещано, что конституция «будет установлена избранным Учредительным Собранием не позднее 1 октября 1948 года». Однако это дата наступила и прошла, а на конституцию не было даже намека. Ее заменил компромисс, согласно которому Кнессет постепенно принимал важные законодательные акты, которые должны были плавно привести к созданию кодекса законов, подобному конституции. Чаще всего ответственность за непринятие конституции возлагают на религиозные партии. Они утверждали, что конституция Еврейского государства должна быть основана на принципах Торы и традиционного еврейского законодательства. Такой подход для светского большинства в новом государстве был неприемлем. Это противоречие было серьезным препятствием в деле достижения соглашения по конституции. Но еще более важная причина заключалась в том, что интуиция Бен-Гуриона подсказывала ему, что любая конституция ограничит его власть как премьер министра и сократит исполнительные полномочия его кабинета во всех сферах власти. В то же время Бен-Гурион постоянно утверждал, что концепция и практика судебного контроля, занимающие центральное место в работе Верховного Суда США, были антидемократическими, поскольку суд отменял законы, разработанные демократически избранным законодательным органом. Но очевидно, что его главной целью было обеспечить как можно больше власти премьер-министру и его кабинету.

Возможно, самой важной сферой, где реальность государственности ярко отличалась от идеологических целей доизраильского сионизма, была внешняя политика. Герцль говорил, что в Еврейском государстве «генералов будут держать в казармах». Никто из доизраильских идеологов (в том числе и Жаботинский) всерьез не рассматривал идею о том, что суверенному государству потребуется не только постоянная армия, но и жесткая внешняя политика. Уже во время Войны за независимость генералитет и высшие офицеры Армии обороны Израиля не ограничивались рамками казарм. Они стали влиятельными фигурами как в деле планирования и применения военной стратегии, тактики и исполнения ежедневных армейских обязанностей, так и в политической жизни в стране. В отношении внешней политики левые партии — не только Коммунистическая партия, но и «Мапам», а также партия «Ахдут ха-Авода», «Единство труда», — демонстрировали большую лояльность Советскому Союзу и его реальной политике в условиях холодной войны. Хотя некоторые влиятельные руководители «Мапай» и других несионистских партий считали, что Израилю нужно оставаться нейтральным на фоне битвы между США и СССР, Бен-Гурион настаивал на том, что будущее Израиля лежит в тесном союзе с западными странами. Он выступал против советского блока. В этом его поддерживали центристы, религиозные и правые партии.

Первым и наиболее противоречивым итогом такого альянса стал провал Суэцкой кампании 1956 года. Израиль втайне договорился с Францией и Великобританией о нападении на Египет. Целью операции было «освободить» Суэцкий канал и вернуть его бывшим владельцам. Израиль хотел получить контроль над сектором Газа и Синайским полуостровом для предотвращения нападений египетских и палестинских боевиков. Вопрос о том, насколько Бен-Гурион и его военные советники действительно хотели захватить эти территории, остается предметом острой исторической полемики. Хотя Армия обороны Израиля провела успешные воздушные и наземные операции против египтян, международное давление, особенно со стороны американского правительства, которое считало эту операцию незаконной и непродуманной, вынудило Израиль уйти со всех завоеванных территорий. После этого провала Израиль продолжил налаживать тесные связи с Францией, но руководители страны предприняли масштабные усилия, чтобы добиться благосклонности Вашингтона. Теперь казалось, что сионизм неразрывно связан с идеологией либерального капитализма, в противоположность социализму, и с внешней политикой на стороне Запада в противостоянии с Советским Союзом.

Наконец, в эти годы произошло важное событие в сфере внутренней политики: обсуждение вопроса о том, «кого считать евреем». С возникновения современного еврейского национализма в 1870-х годах еврейство было переосмыслено как национальность, а не религия. Человек мог быть евреем, а потом уже сионистом, веря или не веря в Бога, следуя или не следуя Божьим заповедям. Теоретически он мог придерживаться иной религии, считая себя при этом членом еврейского народа. Известно, что второй по значимости лидер раннего сионистского движения Макс Нордау никогда не просил свою жену или дочь-протестантку перейти в иудаизм. «Почему они должны принимать религию, в которую не верю я?» — спрашивал он. При этом члены его семьи были лояльными и активными сионистами. Вскоре после этого дочь самого Элиэзера Бен-Иегуды вышла замуж за немецкого протестанта, жившего в Иерусалиме, который был ярым сторонником сионистского дела, особенно возрождения еврейского языка. Аналогичным образом в начале 1930-х годов великий еврейский и сионистский поэт Саул Черниховский эмигрировал в Палестину вместе со своей женой-христианкой и детьми. Некоторые были недовольны его разрывом с иудаизмом, но слава Черниховского как второго национального поэта после Хаима Нахмана Бялика затмила любое неприятие его семьи со смешанным вероисповеданием. Наконец, одним из ближайших соратников Жаботинского был полковник Джон Паттерсон, британский офицер, который стал командиром сионистского корпуса погонщиков мулов, а затем и части Еврейского легиона. После войны он оставался чрезвычайно активным участником сионистского движения, играя важную роль в миссиях по сбору средств в Соединенных Штатах. Многие сионисты, особенно правые, преклонялись перед ним. Они восхищались тем, что он не был евреем, вместо того чтобы задаваться вопросом, может ли нееврей быть частью сионистского движения.

После основания Государства Израиль одним из первых и наиболее важных решений стало принятие в 1950 году Закона о возвращении. После оживленных дебатов доминирующее светское большинство в Кнессете отвергло требование ортодоксов об определении евреев в соответствии с традиционными еврейскими законами. Согласно этим законам, евреями были только дети матери-еврейки и те, кто перешел в ортодоксальный иудаизм. В Законе о возвращении намеренно не уточнялось значение слова «еврей». Он начинался так: «Каждый еврей вправе репатриироваться в Страну».

Поначалу это не представляло особой проблемы. Большинство новых мигрантов прибывали из стран, где брак евреев и неевреев был редкостью. Если среди супругов изредка попадались неевреи (обычно это были жены), то государственные служащие, считавшие, что они соблюдают закон, записывали их как евреев. Однако после польского восстания 1956 года и его последствий для евреев в этой стране около 60 тысяч человек покинули Польшу и приехали в Израиль. В коммунистической Польше число браков евреев с неевреями было очень высоко. Естественно, что у значительной части новых эмигрантов были дети и супруги-неевреи.

Впервые идеология сионизма столкнулась со следствиями определения евреев как нации, а не как религии. Бен-Гурион был убежден, что супругов и детей — неевреев нужно принять как часть еврейского народа. В письме к «еврейским ученым» всего мира Бен-Гурион утверждал, что в диаспоре брак с неевреями приводит к «ассимиляции», или потере семей еврейским народом. Но он настаивал на том, что в Израиле все было наоборот. Нееврейские дети и супруги интегрировались в общество и политическую структуру Еврейского государства и упрочили его. Почти все ученые, которым он писал, настаивали, что Бен-Гурион был в корне неправ, что Еврейскому государству следует придерживаться традиционного пути определения еврейства по матери, чтобы сохранять единство еврейского народа по всему миру.

Ситуация обострилась с приездом в Израиль польского еврея Освальда Руфайзена. Он был ярым сионистом в довоенной Польше, сражался с нацистами, спасал евреев и во время войны добровольно стал католиком. Он стал одновременно монахом и священником. Но Руфайзен оставался сионистом и вступил в монашеский Орден кармелитов, так как его штаб-квартира находилась на горе Кармель в Хайфе. Когда ему наконец разрешили уехать из Польши, брат Даниэль, как теперь его называли, прибыл в порт Хайфы в длинной коричневой монашеской рясе с большим распятием на груди. Он хотел стать гражданином Еврейского государства как еврей по национальности и как католик по вере. Неудивительно, что миграционный офицер отклонил его просьбу. Руфайзен довел дело до Верховного Суда. Ирония здесь заключалась в том, что люди, желавшие, чтобы Еврейское государство жило по традиционным еврейским законам (Галахе), должны были признать, что брат Даниэль, безусловно, был евреем. Оба его родителя — и, что самое важное, его мать — были евреями. Хотя часть раввинов считала иначе, вековой иудейский консенсус заключался в том, что еврей остается евреем даже после обращения в другую веру.

На самом деле никто из судей Верховного Суда не верил в то, что в новом государстве должны главенствовать традиционные еврейские законы. Вопрос заключался в том, сможет ли Израиль принять в качестве еврея практикующего и верующего христианина, который твердо настаивал на своем праве быть как евреем, так и христианином, как сионистом, так и католическим священником. Большинство судей пришло к выводу, что так нельзя — человек необязательно должен быть иудеем, чтобы стать евреем в сионистском государстве, но он не должен исповедовать другую религию.

Для Израиля в целом, и для сионизма как его главенствующей идеологии, вопрос о том, кто является евреем в светском Еврейском государстве, продолжал оставаться дискуссионным. В более широком плане, государству и обществу приходилось сталкиваться с такими противоречиями между еврейским национализмом и иудаизмом, которые основатели сионизма не могли даже вообразить. Даже В. Е. Жаботинский был ярым противником религии. В своем завещании он писал, что его не волнует, похоронят его или кремируют. Он хотел лишь, чтобы его останки привезли в независимое Еврейское государство. Тем самым он нарушал абсолютный запрет еврейского законодательства на кремацию. Но важный вопрос об отношениях между сионизмом и иудаизмом полностью пересмотрели после Шестидневной войны в июне 1967 года.

Глава 8
Национализм
и мессианство (1967–1977)

В 1964 году в Иерусалиме произошло значимое событие. Новый премьер-министр Леви Эшколь, давний член «Мапай», разрешил перезахоронение останков В. Е. Жаботинского, умершего в 1940 году в штате Нью-Йорк, в Иерусалиме. Были проведены государственные похороны. Жаботинского с воинскими почестями проводили в последний путь на горе Герцля, месте захоронения героев сионизма, начиная с Герцля.

В сотне километров оттуда, в сельском пустынном анклаве Сде-Бокер, жил Давид Бен-Гурион. Он кипел от злости. Десятилетиями Бен-Гурион ожесточенно боролся с Жаботинским и его идеологией, сочетавшей в себе милитаризм и непринятие любого разделения Палестины. Жаботинский был убежденным антисоциалистом, выступал за капитализм и против экономической и социальной политики профсоюзов. Однако в то время государственные похороны Жаботинского казались довольно незначительным событием. Эшколь пытался исправить мелкую историческую ошибку, а также снизить враждебность между «Мапай» и «Херутом».

Однако в ретроспективе это событие оказалось первым шагом в зарождении двух связанных между собой процессов. Социализм в рядах рабочих сионистов партии «Мапай» терял популярность. Они стали поддерживать более центристскую экономическую и социальную политику. Партия «Херут» и ее глава Бегин перестали быть маргиналами. Они начали принимать активное участие в политической жизни Израиля.

Эти события стали незначительными побочными эффектами самого важного явления в истории Израиля во второй половине XX века — победы в Шестидневной войне в июне 1967 года и последующей оккупации Западного берега, Голанских высот, сектора Газа, Синайского полуострова и восточного Иерусалима.

Об этой войне и ее итогах написаны десятки книг и статей. Одни восхищаются эффективностью военных, другие считают возвращение библейских земель еврейскому народу Божьим чудом. Третьи утверждают, что превентивный удар Израиля по арабским войскам был лишь предлогом для начала заранее спланированного захвата палестинских территорий и населения во имя порочной колониальной политики усиления сионистского государства любой ценой.

Во-первых, важно принять во внимание ближневосточный контекст. В конце мая — начале июня 1967 года на Эшколя оказывали давление и принуждали ответить на решение египетского президента Насера о закрытии Тиранского пролива для израильских судов. Израиль и большинство других стран посчитали такой поступок объявлением войны. Эшколь колебался, но решил уступить давлению и создать правительство национального единства, которое бы возглавило страну во время кризиса. Для этого он пригласил Моше Даяна, чрезвычайно популярного бывшего начальника штаба Армии обороны Израиля, на пост министра обороны, а Бегина назначил министром без портфеля. С назначением Бегина в кабмин исчез глубокий раскол в сионистском движении между ревизионистами и социалистами, существовавший с 1920-х годов. В отличие от похорон Жаботинского, у этого назначения были реальные последствия. Воинственные Бегин и Даян полностью поддержали идею о превентивном ударе и агрессивном нападении на арабские страны.

Полномасштабный превентивный удар Израиля по Египту и Сирии 5 июня 1967 года прошел намного успешнее любых ожиданий. Через несколько дней стране удалось достичь окончательной победы. Но часто при рассказе о Шестидневной войне забывают об одной значительной детали: израильская оккупация Западного берега и восточного Иерусалима стала возможной благодаря тому, что король Иордании Хусейн позже назовет «худшим решением в жизни». На протяжении довоенных лет он постоянно был на связи с израильским правительством и обещал не участвовать в войне, несмотря на то, что подписал пакт о взаимной обороне с Египтом. После первых дней войны он поддался на уговоры Насера и вступил в бой с Армией обороны Израиля в восточном Иерусалиме и на Западном берегу. Хотя хорошо обученные иорданские войска оказали израильским военным более мощный отпор, чем вооруженные силы Египта и Сирии, в конце концов Иордания уступила Израилю восточный Иерусалим и Западный берег.

Если бы Хусейн сдержал свое слово и не вступил в войну, история Израиля, сионизма, палестинцев, Ближнего Востока и всего мира пошла бы по совершенно другому пути.

Практически все члены израильского общества были безумно счастливы после масштабных побед на поле боя. Они наслаждались первым в истории молодого государства триумфом. Проиллюстрируем это одним примером из массовой культуры. Незадолго до начала Шестидневной войны автор песен и певица Наоми Шемер написала песню «Золотой Иерусалим». В ней она оплакивает разделенную с 1948 года столицу. В песне были следующие строки:

Как высохли твои колодцы, и опустела базарная площадь,
И никто не посещает Храмовую гору в Старом городе.
И в горных пещерах воют ветры,
И никто не спускается к Мертвому морю
по Иерихонской дороге.

Сразу же после завоевания восточного Иерусалима Шемер изменила песню:

Вернулись мы к твоим колодцам, на площадь и базар,
Шофар звучит на Храмовой горе в Старом городе.
И в горных пещерах сияют тысячи солнц.
И вновь мы спустимся к Мертвому морю
по Иерихонской дороге.

Илл. 6. Во время Шестидневной войны 1967 года десантники Армии обороны Израиля прошли через Старый город Иерусалима и 7 июня подошли к Западной стене, культовому для иудеев месту. Эта фотография трех солдат стала символом завоевания Иерусалима. Стоит особо отметить, что солдат посередине не покрыл голову, находясь в священном месте, что было убедительным признаком светскости сионизма

Эта песня быстро стала гимном войны, как в Израиле, так и в диаспоре. Но очень немногие израильтяне или живущие в других странах евреи обратили внимание на вопиющую неточность в оригинальном тексте. До 6 июня 1967 года рынок восточного Иерусалима не был безлюдным. В реальности там были толпы народу. Каждую неделю тысячи и тысячи людей поднимались на Храмовую гору, и многие спускались к Мертвому морю по Иерихонской дороге. Однако до июня 1967 года это были арабы, а не евреи. Таким образом, для националистски настроенной Шемер они не существовали (или же их нужно было уничтожить). Ее идеи становились все популярнее у израильтян различных политических взглядов.

Таким образом, сионизм в Израиле и за границей был вынужден адаптироваться к новому чрезвычайно сложному положению дел — неожиданной победе израильской армии над примерно миллионом палестинцев. Около 600 тысяч проживали на Западном берегу, а еще 400 тысяч — в секторе Газа. Бесспорно, подавляющее большинство граждан Израиля и почти все политические лидеры считали такую ситуацию временной. Они предполагали, что завоеванные территории, за исключением восточного Иерусалима, быстро аннексированного израильским правительством, будут отданы в обмен на мирное соглашение, которое окончательно укрепит границы и безопасность Еврейского государства. Даже Бен-Гурион, который активно поддерживал территориальную экспансию, публично призвал к возвращению всех оккупированных земель, кроме восточного Иерусалима. После краткого полета на вертолете на север он также решил оставить Голанские высоты. Бен-Гурион был убежден в том, что они необходимы для обеспечения безопасности Израиля в случае дальнейших атак сирийской армии.

Действительно, начиная с конца июня 1967 года почти все опросы общественного мнения в Израиле показывали, что большинство населения поддерживало возврат оккупированного Западного берега в обмен на мир. Другой вопрос вызывал гораздо больше споров. Кому следует отдать эти территории? Существует ли, как говорят израильтяне, «партнер по миру»?

Захват этих территорий оказал огромное влияние на сионизм. Оккупация в войне 1967 года стала «новой нормой жизни» для большей части Израиля. В стране рассматривали это противостояние как борьбу Давида с Голиафом. Маленькое и незащищенное государство в кругу врагов чувствовало себя в куда большей безопасности, создав вокруг себя буферную зону из завоеванных земель. Но вскоре появилась новая сила — три различных идеологических движения (или три новых вида сионизма). Они поддерживали еврейские поселения, призывали к их созданию и управляли еврейскими поселениями на оккупированных территориях. Один аналитик назвал этот процесс «случайно созданной империей».

Во-первых, важно понимать, что партия Бегина «Херут» и ортодоксальные сионисты не стояли у истоков движения за создание поселений. Первые поселения возникли в начале и середине 1970-х годов под эгидой рабочих правительств, в результате молчаливого согласия крайне правых ортодоксов и изменений в рядах рабочих сионистов. Сионисты-социалисты из «Ахдут ха-Авода», которых в израильском правительстве представлял Игаль Аллон, всегда объединяли территориальный экспансионизм с социалистическим сионизмом, более левым, чем у «Мапай». Вскоре Аллон стал самым влиятельным сторонником создания еврейских поселений вдоль реки Иордан, обеспечивающих таким образом защиту Израиля от нападений с востока. Поэтому этот план был назван «планом Аллона». Хотя он и не был реализован в полном объеме (он включал в себя причудливые элементы, такие как автономное друзское мини-государство на севере), за десятилетие после 1967 года рабочие правительства создали большое количество поселений в районах, обозначенных Аллоном, и в других частях Западного берега.

Второе движение было создано вскоре после войны. Это была новая светская партия, которую назвали «Движением за неделимый Израиль» («Тнуа лемаан Эрец Исраэль ха-шлема»). В нее вошли известные бывшие участники левых движений — политики и писатели. Они заявляли, что в случае мирного соглашения нельзя отдавать ни пяди земли. Эта партия оказывала большое влияние на идеологию в послевоенном Израиле. Однако ее реальные достижения были куда менее масштабными, чем у третьего, самого важного движения. Это были сторонники политики поселений — новой радикальной версии сионизма и еврейского мессианства. Они состояли в подразделении Национальной религиозной партии, «Гуш Эмуним» («Союзе верных»), которое повлияло на Израиль самым неожиданным образом.

К 1967 году оппозиция сионизму со стороны большинства ортодоксальных раввинов и мирян практически сошла на нет. Небольшая группа радикальных ультраортодоксов продолжала придерживаться ярого антисионизма, но основные ультраортодоксальные группы смирились с Еврейским государством. Они голосовали на выборах, работали в парламенте и даже становились министрами. В Израиле нашлось место религиозному сионизму. Его придерживались около 10 % населения. Они поддерживали умеренные политические взгляды и были тесно связаны с Рабочей партией.

Однако, в значительной степени подспудно, в самом сердце ортодоксального сионизма зарождалась грозная мессианская идеология. Она была детищем Абрама Ицхака Кука, родившегося в 1865 году в Российской империи. Он служил на различных второстепенных должностях в разных синагогах Восточной Европы. Затем в 1904 году Кук эмигрировал в Палестину и стал главным раввином Яффы. В 1921 году он получил должность главного ашкеназского раввина Палестины.

Зная о сотрудничестве Кука с сионистскими властями, многие предполагают, что он поддерживал «Мизрахи». Однако он никогда не был сионистом, хоть и выступал за тесное сотрудничество со светскими сионистами в деле возвращения евреев на Святую Землю. Но на самом деле Кук придерживался глубокого, крайне эзотерического теологического мистицизма. С его точки зрения, светские сионисты, сами того не понимая, делали Божью работу по возвращению на Святую Землю и созданию там сообществ и институтов. Мнение светских сионистов по идеологическим и религиозным вопросам не было важно. Важен был процесс искупления еврейского народа, которому они помогали.

Мессианство Кука носило сугубо теоретический характер. Но вскоре его учение породило куда более явную и практичную идеологию, распространившуюся среди его последователей. Его сын, раввин Цви Иехуда Кук, возглавил это движение. Он интерпретировал захват Святой Земли как божественный акт, предвещающий наступление мессианской эры «вскоре в наши дни», как обычно говорилось в молитвах.

К 1967 году эта идеология становилась все популярнее среди молодых активистов Национальной религиозной партии. Они основали «Гуш Эмуним», где проповедовали беспрецедентный вид еврейского мессианства — мессианство без мессии. Схожесть этого движения с отрицанием фигуры мессии в реформистском движении во имя осуществления в идения пророков Израиля шокировала бы сторонников «Гуш Эмуним».

Радикальное новшество «Гуш Эмуним» заключалось в следующем: Земля Израиля выступала в роли мессии. «Искупление» любой ее части неизбежно приведет к «концу времен». Последователи «Гуш Эмуним» начали создавать небольшие, изначально незаконные, поселения на Западном берегу. Поначалу и позднее правительство пыталось бороться с ними, но со временем их возникало все больше. Поселения основывали как члены «Гуш Эмуним», так и участники других течений. В более широком контексте, значительная часть светского населения Израиля стала понимать, что эти новые поселенцы, ортодоксальные или нет, были ближе к первым сионистам, чем кто бы то ни было. Они отказались от радостей жизни ради «духа первооткрывателей», к тому времени почти исчезнувшего.

Число еврейских поселений на Западном берегу, Голанских высотах и Синае медленно росло. Также увеличивались еврейские кварталы в восточном Иерусалиме. Но рабочие партии в правительстве по-прежнему придерживались политики мира.

В то же время еще в одной сфере возник феномен, серьезно повлиявший на историю сионизма и Израиля: массовая эмиграция евреев из Советского Союза. Она стала возможна прежде всего благодаря важному изменению в Законе о возвращении, принятому Кнессетом в 1970 году. В новой редакции закона указывалось:

Права еврея согласно настоящему закону, и права репатрианта согласно «Закону о гражданстве (1952 г.)», а также права репатрианта, в соответствии со всеми другими законодательными актами, предоставляются также ребенку и внуку еврея, супругу/супруге еврея и супругу/супруге детей и внука еврея; за исключением того, кто был евреем и добровольно обратился в другую религию.

Эту поправку приняли в первую очередь в ответ на несколько спорных решений Верховного Суда, касающихся вопроса о том, кто является евреем. Но она стала судьбоносной для третьей по численности еврейской общины в мире — для евреев в Советском Союзе. В середине-конце 1960-х годов в СССР произошел небольшой всплеск популярности сионизма и иудаизма параллельно с возникновением движений, призывающих к соблюдению прав человека и гражданина. Еврейская община в США отреагировала на это созданием движения по «спасению советских евреев». Они убеждали правительство США связать продажу СССР жизненно важных технологий с разрешением евреям эмигрировать. Советское правительство неохотно согласилось на эти условия и разрешило уехать беспрецедентно большому числу евреев. Часть из покинувших Советский Союз решили переехать в США или в другие страны, где жили евреи, но большинство эмигрировало в Израиль. Они не были сионистами. Большинство новых переселенцев проживало на территориях, присоединенных СССР после 1945 года, или было родом с Кавказа и из мусульманских регионов, где «деиудаизации», как в РСФСР, УССР и БССР, не было. Таким образом, с 1968 по 1979 год почти 250 000 евреев из СССР приехали в Израиль.

Однако их новая родина менялась прямо на глазах из-за еще одной арабо-израильской войны — Войны Судного дня 1973 года. Армии Египта и Сирии внезапно напали на Израиль и достигли значительных успехов. Лишь спустя несколько дней Армия обороны Израиля и руководство страны оправились от шока и успешно отразили атаку. Но успеху на поле боя сопутствовало поражение в политике. Большинство жителей Израиля осудили действия премьер-министра Голды Меир и министра обороны

Илл. 7. Движение «Мир сейчас» («Шалом Ахшав») было основано в 1978 году. Оно стало крупнейшим в Израиле движением против войны и оккупации. На плакате написано: «Нужно разделиться сейчас ради мира. Мир сейчас». Его участники призывали израильское правительство к отказу от оккупированных территорий, чтобы достичь мира между израильтянами и палестинцами

Моше Даяна. Следственная комиссия во главе с судьей Верховного Суда Агранатом формально освободила их от ответственности. Виновными назвали руководство Армии обороны Израиля, но Меир и Даяну так и не удалось снова получить поддержку широкой общественности. Спустя почти семь месяцев после окончания войны они ушли в отставку.

Оглядываясь назад, можно сказать, что арабо-израильская война повлекла за собой пять последствий. Во-первых, гордость, возникшая после Шестидневной войны, серьезно, можно сказать критически, пострадала из-за неудач первых дней арабо-израильского конфликта. Многим людям снова казалось, что Израиль уязвим и стоит на грани уничтожения. Во-вторых, усилился отток населения из Израиля, хотя его объемы были небольшими. Постепенно уехавших в израильском обществе и культуре перестали резко осуждать. У все большего числа израильтян стали появляться сестры, братья и дети, которые уезжали из Израиля на Запад. В скором времени в Нью-Йорке и Лос-Анджелесе возникли огромные диаспоры уехавших из Израиля. В конце концов они также появились в Берлине и других немецких городах, что весьма смутило идеологов сионизма и израилизма. Спустя десятилетия вопрос о том, что сионизм значит для евреев, которые родились и выросли в Израиле, но добровольно покинули его ради более простой жизни без постоянной войны и экономических кризисов, стал серьезным вызовом самой сути сионизма.

В-третьих, сразу после Войны Судного дня капитан запаса Армии обороны Израиля, который во время войны был командиром крупного аванпоста, разбил палатку у офиса премьер-министра в Иерусалиме. Там он установил знак с надписью: «Бабушка, твоя защита провалилась. Три тысячи твоих детей погибли». В сионистском движении в Израиле и раньше было много острых противоречий. Но этот протест аполитичного офицера, который обвинял непосредственно премьер-министра Голду Меир и ее правительство в поражении в войне и в смерти тысяч солдат, был беспрецедентным. Его поддержали многие. Постепенно это движение выросло и стало называться «Мир сейчас». Также образовались другие государственные организации, которые противостояли оккупации, поселениям и любому правительству, правому или левому, которое их поддерживало.

Четвертым следствием стало ухудшение положения Израиля на международной арене. Это произошло из-за двух различных, но взаимосвязанных причин: усиливающейся критики оккупации Западного берега и Газы и, следовательно, растущей поддержки Палестины, особенно в развитых странах, и чрезвычайно сильной оппозиции Израилю со стороны СССР и всего советского блока. Возможно, самым неудачным моментом в истории сионизма стало 10 ноября 1975 года, когда Генеральная Ассамблея ООН приняла Резолюцию № 3379. В ней сионизм определяли как «форму расизма и расовой дискриминации». Перед началом голосования посол США в ООН Дэниэл Патрик Мойнихэн выразил протест. Он сказал, что «Организация Объединенных Наций вот-вот придаст антисемитизму статус нормы международного права. <...> США никогда не признают эту резолюцию, не будут соблюдать ее, никогда не согласятся с этим позорным актом. <...> Великое зло обрушилось на мир».

Лишь спустя 16 лет, в декабре 1991 года, после падения коммунизма в Советском Союзе и Восточной Европе, ООН отменила эту резолюцию. Но наиболее важная реакция на арабо-израильскую войну возникла внутри страны. Недоверие широких масс и оппозиция правительству Меир и следующему правительству Рабина привели к крайне неожиданным результатам. На выборах в 1977 году Рабочая партия потерпела поражение от партии «Ликуд», новой коалиции между «Херутом», либералами и маленькими центристскими и правыми группами.

Было написано множество книг, объясняющих, что эта победа произошла в итоге политического сдвига израильтян вправо. Особенно отмечали популярность Бегина у евреев из бывших мусульманских и арабских стран, которые чувствовали дискриминацию и даже преследование со стороны ашкеназского руководства «Мапай». В какой-то степени это правда, но существует и более простое объяснение поражения Рабочей партии и победы «Ликуда». В 1976 году была основана партия «Демократическое движение за перемены» (ДАШ). Она состояла в основном из бывших членов Рабочей партии и сочувствующих им людей. Члены партии призывали к коренным переменам в израильской политике, в особенности к принятию конституции. На выборах 17 мая 1977 года ДАШ получила третье место. После долгих внутренних дебатов новая партия решила объединиться с «Ликудом», а не с Рабочей партией. Так Менахем Бегин стал премьер-министром Израиля.

Бен-Гурион умер в 1973 году. Он не дожил до этих выборов, которые, как и израильские потери в войне, без сомнения, очень бы его расстроили. Ревизионистский сионизм одержал победу. Сионизм изменился неузнаваемо.

Глава 9
Правый уклон (1977–1995)

20 июня 1977 года Менахем Бегин занял пост премьер-министра Израиля. Он ставил перед собой ясную цель: как можно скорее и шире внедрить политику ревизионистского сионизма, сформулированную его наставником и кумиром Жаботинским. Следовательно, Бегин был противником любых уступок территорий, захваченных в войне 1967 года. Он выступал за расширение еврейских поселений в «Иудее и Самарии» — то есть на оккупированных территориях — и за переход экономики Израиля от скандинавской модели социального государства к американской капиталистической системе с минимумом государственного вмешательства. Таким образом, новый министр финансов объявил о начале «экономического поворота», в ходе которого планировалась либерализация обменных курсов иностранных валют и превращение Израиля в преуспевающее капиталистическое государство. Для руководства экономической и фискальной политикой Бегин пригласил в Иерусалим консервативного американского экономиста Мильтона Фридмана.

Но через пять месяцев Бегина, его правительство, да и весь мир ошеломили новости из Каира. Президент Анвар Садат выразил готовность поехать в Иерусалим и провести с израильским правительством переговоры о мире. Спустя десять дней, 20 ноября 1977 года, Садат прибыл в аэропорт Лод. Его встретили президент, премьер-министр и кабмин государства, с которым Египет все еще находился в состоянии войны. Затем Садат поехал в Кнессет, где произнес речь, в которой призвал к заключению с Израилем полноценного мирного договора. Он предлагал решить палестинскую проблему и отказаться от всех территориальных приобретений войны 1967 года. Вряд ли Садат ожидал, что Израиль примет его предложение. Скорее он считал, что для Египта будет лучше договориться с Израилем напрямую, а не привлекать для этого другие страны. Он сосредоточился на основной цели — возвращении Египту Синайского полуострова. Неизвестно, насколько лично Садата волновало решение проблемы Палестины. Он был готов подписать соглашение, которое бы несколько улучшило положение палестинцев на оккупированных территориях, но без возвращения Западного берега, Голанских высот и сектора Газа, не говоря уже о праве на возвращение палестинских беженцев.

Конечно же, Бегин согласился бы с этими условиями, но переговоры уже начались. Спустя несколько месяцев, после сложных напряженных дискуссий при содействии президента США Джимми Картера, 18 сентября 1978 года Израиль и Египет заключили Кэмп-Дэвидские соглашения. Израиль вернул Синайский полуостров Египту в обмен на полноценный мирный договор между двумя странами. Был разработан общий план по палестинской национальной автономии, но не независимости. После присуждения Садату и Бегину Нобелевской премии мира Израиль и Египет подписали 26 марта 1979 года официальный мирный договор. Несмотря на революции в Египте и на всем Ближнем Востоке, этот договор остается в силе.

Решающее значение имело то, что для Бегина Синайский полуостров не был частью великого Израиля. Следовательно, передача его обратно Египту в обмен на мир не противоречила его принципам. Кроме того, вероятно, что Бегин почерпнул свои идеи о палестинской автономии из соглашений о правах меньшинств, заключенных после Первой мировой войны. Согласно этим соглашениям, обретение государственности странами Восточной, Центральной и Южной Европы зависело от признания национальных и культурных прав проживающих в них меньшинств. Скорее всего, Бегин прекрасно знал, что эти соглашения о национальных автономиях в конечном итоге оказались неэффективными из-за внешней и внутренней политики государств в отношении меньшинств.

Таким образом, в истории сионизма наступил переломный момент. Впервые в истории движения когда-то маргинальные сионисты-ревизионисты стали во главе Еврейского государства и затем возглавили первый вывод войск с территории, завоеванной в конфликте 1967 года. Стоит отметить, что практически в то же время в возрасте 80 лет умерла последняя из оставшихся в живых государственных деятелей из партии рабочего сионизма — Голда Меир. Казалось неоспоримым, что маятник сионизма качнулся вправо.

Но на следующих выборах 30 июня 1981 года страна вновь оказалась расколота пополам. Менее чем через год правые деятели стали критиковать Бегина за снос Армией обороны Израиля 14 еврейских поселений на Синайском полуострове и эвакуацию населения. Впервые израильтяне увидели, как еврейские солдаты и полицейские насильно выгоняют евреев из их домов и синагог, причем поселенцы часто были одеты в молитвенные платки и филактерии и размахивали израильскими флагами.

Однако самый большой удар по правительству Бегина и по ревизионистскому сионизму в целом был нанесен уже два месяца спустя. Министр обороны Ариэль Шарон убедил Бегина вторгнуться в южный Ливан, чтобы разбить палестинские формирования, которые обстреливали Израиль с севера. Он хотел установить в Ливане христианское правительство. Но Шарон принял еще одно важное решение и заставил Армию обороны Израиля захватить Бейрут. Вскоре христианские войска вошли в два больших палестинских лагеря для беженцев, Сабру и Шатилу. Произошла жестокая резня, в которой были убиты сотни (а по другим источникам — тысячи) человек. Для Израиля победа в войне была даже не пирровой, хотя было понятно, что Армия обороны Израиля сама не участвовала в массовых убийствах, а лишь прикрывала ливанских христиан, устроивших резню. Бо́льшая часть государств, особенно сочувствующих растущему движению «Мир сейчас», возложила ответственность за убийства на Израиль, Бегина и Шарона.

Для расследования массовых убийств была организована государственная комиссия под эгидой Верховного Суда. После долгих обсуждений суд снял с Бегина все обвинения. Ответственность возложили на Шарона, армейское руководство и главу военной разведки. Их обвинили в том, что они не справились со своими обязанностями и не учли опасность возникновения резни. Всех их принудили уволиться. Поначалу Шарон не хотел уходить с поста, но позже отказался от должности министра обороны и стал «министром без портфеля».

Вскоре премьер-министр Бегин стал медленно погружаться в глубокую депрессию. Это привело к его отставке и смерти в 1983 году. Затем в июле 1984 года прошли выборы, вновь продемонстрировавшие раскол общества на правых и левых. Это привело к появлению системы ротации поста премьер-министра. Шимон Перес из трудового блока возглавлял правительство национального единства в первую половину его существования. Затем его сменил Ицхак Шамир.

На первый план на этих выборах вышли два важных для истории сионизма события. Во-первых, «Мапам» пришла в полный и бесповоротный упадок. Эта марксистско-сионистская партия во время первых израильских выборов была второй по силе в стране, идеологической опорой самых суровых талмудистских кибуцев. До 1948 года «Мапам» была единственной крупной сионистской партией, настаивавшей на возможности двунационального решения палестинской проблемы. Трудовой блок все еще формально придерживался демократического социализма. Над штабом партии первого мая поднимали красный флаг. Позже, после прибытия сотен тысяч эмигрантов из разваливавшегося, а потом прекратившего свое существование СССР, от этого обычая отказались. Но в реальности «социализм» мало что значил для членов израильской Рабочей партии после смерти старой гвардии. Идеология партии была куда ближе к американскому либерализму, чем к любой европейской социалистической партии, за исключением, пожалуй, «Новых лейбористов» Тони Блэра.

Второй переломный момент произошел на выборах 1984 года. Появилась новая партия ШАС (сокращение от «Шомрей сефарад» — «Сефардские стражи»). Это была ультраортодоксальная партия для сефардских и мизрахских евреев. ШАС создали под

Илл. 8. Осенью 1977 года египетский президент Анвар Садат посетил Кнессет, парламент Израиля, чтобы попытаться заключить мир с Еврейским государством. 26 марта 1979 года, после сложных и напряженных переговоров, страны подписали мирное соглашение. Израиль вернул Синайский полуостров Египту. Между двумя государствами воцарился долгий мир

руководством главного сефардского раввина Израиля Овадьи Йозефа. Целью партии стало распространение и защита их формы ортодоксального иудаизма и борьба с дискриминацией неашкеназских евреев в политике, экономике и обществе страны. Как и их ашкеназский предшественник, Агудат Исраэль, ШАС не поддерживала сионизм. Ее идеология отвергала цели как светского, так и национального религиозного сионизма. ШАС хотела, чтобы Израилем правили по еврейским законам, установленным раввинами. Ее члены желали учить детей в своих общинах в собственных, отдельных школах и управлять своими, зачастую бедными, поселениями. ШАС не предлагала определенной внешней политики. Как и «Агудат», она была готова сотрудничать с любым правительством, поддерживающим ее религиозный курс. Однако, в отличие от ашкеназской партии, за ШАС в основном голосовали не ультраортодоксальные евреи, а «традиционные» религиозные сионисты, которые чувствовали, что их дискриминируют по признаку этнического происхождения.

Еще один гвоздь был забит в крышку гроба идеологии Рабочей партии. Ее приверженцы были глубоко убеждены в том, что этнические разногласия между евреями в Израиле были лишь пережитками иудаизма в диаспоре. Эти пережитки должны были исчезнуть по мере усиления сионизма и трансформации евреев в светских социалистических израильтян. Но отход Рабочей партии от социализма не означал, что сама партия ушла из политической жизни. Напротив, она стала выступать в поддержку ухода с оккупированных территорий и решения проблемы Израиля и Палестины на основе двух государств для двух народов.

В разгар дебатов произошло еще одно важное для истории сионизма событие. Вопреки ожиданиям, оно случилось во время правления премьер-министра Ицхака Шамира. Поскольку конституции не существовало, с 1958 года Кнессет принял ряд заменяющих ее «основных законов». Эти законы касались правительства, президента, Кнессета, Иерусалима, армии и так далее. 17 марта 1992 года Кнессет принял еще один такой закон — Основной закон: Достоинство и Свобода человека. Среди его положений были следующие:

> Статья 1. <...> Цель настоящего Основного закона — защитить достоинство и свободу человека, дабы закрепить в Основном законе ценности государства Израиль как еврейского и демократического государства.
> Статья 2. <...> Жизнь, личность и достоинство человека как такового неприкосновенны.
> Статья 3. <...> Собственность человека неприкосновенна.
> Статья 4. <...> Каждый человек имеет право на защиту собственной жизни, личности и достоинства.
> Статья 5. <...> Нельзя лишать человека свободы или ограничивать ее посредством тюремного заключения, ареста, экстрадиции или любым другим способом.

Статья 6. <...> (алеф). Каждый человек может свободно выехать из Израиля.

(бет). Каждый гражданин Израиля, находящийся за границей, имеет право въехать в Израиль.

Статья 7. <...> (алеф). Каждый человек имеет право на неприкосновенность частной жизни и на тайну личной жизни.

(бет). Нельзя входить в частные владения человека без его согласия.

(гимель). Нельзя проводить обыск в частных владениях человека, на его теле, в его теле или в его вещах.

(далет). Нельзя нарушать конфиденциальность переговоров, тайну переписки и иных записей человека.

Этот основной закон оказал решающее и комплексное влияние на сионизм. Как и все националистические движения, сионизм выступал за подчиненность частных интересов публичным. Верность нации ставилась выше преданности семье, клану, месту рождения и даже религии и, в более общем смысле, даже верности самому себе, своим целям и идеалам. Сионизм придерживался этой логики — индивид должен был подчинить себя делу сионизма, что после 1948 года и происходило в стране, армии и в других институтах Израиля. Общество было сосредоточено вокруг группы, а не индивида. Конечно, в Израиле существовало социальное и экономическое расслоение, но оно было куда менее заметным, чем в Америке или в других капиталистических странах. Имелась крайне узкая прослойка очень богатых людей, обычно занимавшихся международной торговлей, но они не выставляли свое богатство напоказ и не были примером для подражания у израильской молодежи. Героями молодых людей были воины одного из наиболее чтимых воинских соединений Армии обороны Израиля — десантники. После 1967 года примером для подражания стали поселенцы, желающие во имя сионизма жить в самых спартанских условиях. В рамках такого подхода личность и ее самореализация почти полностью подчинялись интересам нации.

Исходя из этой логики, первым правом в Декларации независимости было право первичной группы: «...естественное право еврейского народа, как и любого другого народа, быть хозяином своей судьбы в своем суверенном государстве». Только на основе реализации этого права новое государство могло «осуществить полное гражданское и политическое равноправие всех своих граждан без различия религии, расы или пола; обеспечить свободу вероисповедания, совести, выбора языка, образования и культуры». В такой формулировке права на свободу слова, вероисповедания и образования исходят от государства, а не от другого высшего или предшествующего источника власти.

Основной закон о достоинстве и свободе человека изменил эту ситуацию. Высшим источником власти стал сам человек со своим достоинством и свободой. Вытекающие из этого права на свободу вероисповедания, слова, культуры и так далее названы не правами «граждан» или «жителей», а правами каждого человека как личности.

Существует еще один важный аспект этого основного закона. Этот документ закреплял ценности Израиля как «еврейского и демократического государства». Такую формулировку использовали и ранее в менее значимых юридических документах. Она казалась безобидной и самоочевидной. Но отныне формулировка «еврейское и демократическое государство» стала конституционно закрепленным определением государства. В будущем относительное значение терминов «еврейское» и «демократическое» станет предметом огромного числа политических и юридических споров.

Основной закон о достоинстве и свободе в значительной степени отражал влияние на судебную и законодательную систему Израиля американских норм и законов. В связи с этим в израильское законодательство ввели доктрину и практику «судебного пересмотра». В соответствии с ней, Верховный Суд мог объявлять принятые Кнессетом законы антиконституционными. То, что подобный подход был основан на американской модели, не было тайной ни для сторонников, ни для противников такого изменения законодательства. И это лишь один пример обширной трансформации Израиля в общество потребления американского типа с соответствующими ценностями, которые кардинально отличались от основополагающих доктрин всех течений сионизма — левого, центристского и правого.

Илл. 9. Израильский премьер-министр Ицхак Рабин (слева) и председатель Организации освобождения Палестины Ясир Арафат (справа) пожимают друг другу руки после подписания Декларации принципов о временных мерах по самоуправлению в сентябре 1993 года. Сзади стоит президент США Билл Клинтон. Лидеры стран договорились о взаимном признании, прекращении военных действий и создании палестинской администрации, которая будет контролировать израильскую часть Палестины

Тем временем произошло еще одно изменение, типичное для израильской политики. На выборах 23 июня 1992 года Рабочая партия уверенно победила «Ликуд». Но когда все левые объединились с либералами, а правые — с религиозными партиями, Кнессет оказался расколот практически пополам. Поэтому, чтобы создать правительство, Рабину, который снова стал во главе Рабочей партии, пришлось включить в коалицию ультраортодоксальную ШАС.

Набрав таким образом большинство, Рабин совершил один из самых заметных поступков в истории сионизма и Израиля. 13 сентября 1993 года он подписал Декларацию принципов о временных мерах по самоуправлению с Организацией освобождения Палестины. Впервые в истории Израиль и представители палестинского народа согласились, что

> ...настало время положить конец десятилетиям конфронтации и конфликта, признать их взаимные законные и политические права и стремиться жить в условиях мирного сосуществования и взаимного достоинства и безопасности и достичь справедливого, прочного и всеобъемлющего мирного урегулирования и исторического примирения через согласованный политический процесс.

Страны мира наблюдали, как в Белом Доме премьер-министр Рабин и председатель Организации освобождения Палестины Ясир Арафат подписывают это соглашение, позднее неофициально названное «Осло I». Билл Клинтон наблюдал за ними с нескрываемой радостью. Напряженный момент: Арафат протянул руку для рукопожатия с Рабином. Израильский премьер-министр на секунду заколебался, как бы подчеркивая тот факт, что он раньше был главой Армии обороны Израиля и непримиримым противником палестинского терроризма. Но он должен был принять Арафата как равного «партнера по миру». После краткой паузы Рабин пожал Арафату руку. Казалось, мир между Палестиной и Израилем не за горами.

Однако правые партии в Израиле немедленно начали громко и не стесняясь в выражениях протестовать против этих соглашений. Политические дебаты в сионистском движении, а затем в Израиле, всегда были жаркими, с переходами на личности, и даже сопровождались руганью. Но тогда уровень политической дискуссии упал чрезвычайно низко. На массовых демонстрациях, возглавляемых лидерами «Ликуда» и других партий, Рабина называли предателем, показывали картинки, где он был одет в форму Арафата, и требовали его отставки. Ортодоксальные и ультраортодоксальные раввины стали спорить, применимы ли в данной ситуации традиционные еврейские законы о смертной казни для «доносчиков» и «предателей». Израильское общество переживало невиданный раскол.

Затем случилось немыслимое. Вечером 4 ноября 1995 года на масштабной демонстрации за мир на центральной площади Тель-Авива Игаль Амир, 25-летний член ультраправого религиозного сионистского движения, убил Ицхака Рабина. Будущее мирных переговоров, Израиля и сионистского движения в целом повисло на волоске.

Глава 10
Трансформации сионизма с 1995 года

Народ Израиля охватила глубокая скорбь. Сама мысль о том, что еврей может хладнокровно убить другого еврея — а тем более избранного премьер-министра Еврейского государства — потрясла правящие круги Израиля и мировое еврейство. Тысячи людей с цветами и свечами собрались на площади, которую позже переименуют в площадь Рабина. Они пели песни и молитвы. Правые политики публично осудили ненависть, царившую на демонстрациях против соглашений Осло. Ортодоксальные раввины переосмыслили призывы к смертной казни для тех, кто предлагал отдать территории арабам. Они утверждали, что их труды и размышления были исключительно теоретическими и что раввины не одобряют никакого насилия, особенно убийства.

В какой-то степени похороны Рабина свидетельствовали о появлении «новой реальности» во внешней политике Израиля. Президент Египта Мубарак и король Иордании Хусейн, с которым Рабин подписал мирный договор в октябре 1994 года, отправились в Иерусалим. Они назвали убитого премьер-министра близким другом и пацифистом. Ранее эти страны были самыми могущественными врагами Израиля и сражались с ним в 1948, 1956, 1967 и 1973 годах. Теперь же они заключили мир с Еврейским государством, признали его легитимность и право на защиту, закрепили свои гарантии в законе и соблюдали их. Разве это не было признаком достижения одной из основных изначальных целей сионизма — «нормализации» еврейского народа?

Возможно, так оно и было. Но после смерти Рабина Израиль вернулся к своей прежней политике. Скоро стало ясно, что преемник Рабина Шимон Перес не пользуется поддержкой в стране. На выборах в мае 1996 года Рабочая партия получила всего на два места больше, чем «Ликуд». Перес попытался создать коалицию, но не смог этого сделать. Он уступил пост премьер-министра более молодому и гораздо более консервативному Биньямину Нетаньяху. Позже тот также уступит свое кресло Эхуду Бараку из Рабочей партии, а затем оно достанется Ариэлю Шарону, который станет премьер-министром в 2001 году.

Но вскоре, в 2003 году, когда премьер-министр Шарон решил покинуть прежнюю партию и основать новую, центристскую партию «Кадима» («Вперед»), «Ликуд» практически ушел с политической сцены. «Кадима» поддерживала односторонний вывод войск из сектора Газа и разрушение 21 еврейского поселения там и еще нескольких на севере Западного берега. Но партия Шарона «Кадима» также прожила недолгую жизнь. На выборах 2006 и 2009 годов она набрала наибольшее число мест, но вскоре превратилась в маленькую отколовшуюся партию, не игравшую никакой роли на последующих выборах.

В эти годы впервые дало о себе знать еще одно явление — рост популярности политических партий, возглавляемых и поддерживаемых иммигрантами из СССР. В 1980 году эмиграция советских евреев в Израиль почти закончилась на фоне вторжения СССР в Афганистан и последующего ухудшения советско-американских отношений. Но в середине и конце 1980-х годов в результате политики М. С. Горбачева по открытию границ и радикальной перестройке страны множество евреев и их родственников переехали в Израиль. С 1989 до 2011 год около 1,25 миллиона евреев из СССР и постсоветских стран эмигрировали в Израиль. Еще около 300 000 евреев из Советского Союза уже находились в стране. Эта миграция стала крупнейшим в истории Израиля переселением евреев из одной страны. В итоге из стран бывшего СССР переехало более полутора миллионов мигрантов.

Но советские мигранты значительно отличались от всех других. Около трети из них не были евреями по традиционным еврейским законам, согласно которым еврейство передается по материнской линии. Они смогли переехать в Израиль благодаря поправке 1970 года в Закон о возвращении, которая разрешила приезжать на Землю Обетованную не только евреям, а также «ребенку и внуку еврея, супругу/супруге еврея и супругу/супруге детей и внука еврея; за исключением того, кто был евреем и добровольно обратился в другую религию». Из-за того что число браков между евреями и неевреями в Советском Союзе было очень велико, значительная часть эмигрантов соответствовала условиям Закона о возвращении, а не традиционным еврейским законам.

Эти перемены в демографии привели к новым изменениям в истории сионизма. Все партии, представляющие интересы «российских» евреев, были правыми как во внешней, так и во внутренней политике. Евреи из СССР знали, что такое социализм, и не желали видеть его в Еврейском государстве. Их внешняя политика была правой и воинственной. Но в одном они не могли прийти к компромиссу — в вопросе о статусе большого числа неевреев в их обществе. Каждую неделю появлялись новости о храбрых солдатах, убитых на поле боя, или о невинных новоприбывших эмигрантах, лишившихся жизни в терактах, но матери этих людей не были еврейками, и они не могли быть похоронены на еврейском кладбище.

В гораздо более широком смысле из-за отсутствия гражданских браков в Израиле новые подданные страны, гордые и верные Израилю, не могли вступать в брак с евреями. Им нужно было стать иудеями под руководством ортодоксальных раввинов, вступить в брак с другими нееврейскими эмигрантами или провести церемонию бракосочетания за границей. Новые «российские» партии начали сражаться за право на гражданский брак в Израиле. Это привело россиян к конфликту с их естественными политическими союзниками — не только с «Ликудом», но и с ортодоксальными и ультраортодоксальными партиями. Через некоторое время «россияне» адаптировались к жизни в Израиле. Их партии стали менее влиятельными, хотя почти все их бывшие приверженцы остались в правой части политического спектра страны.

И действительно, скоро еще одна составляющая сионизма по Бен-Гуриону стала неактуальной. Твердая убежденность в том, что религия ушла в прошлое, и в том, что новые эмигранты неизбежно будут «модернизированы» и станут, подобно Бен-Гуриону и Жаботинскому (или Рабину и Шарону), светскими людьми, оказалась ошибочной. В большинстве случаев евреи в Израиле были неверующими. Но после войны 1973 года «религиозный сектор» значительно вырос и стал более влиятельным. В какой-то мере это произошло благодаря плодовитости ультраортодоксальных семей, где стало нормой иметь восемь, девять, десять и более детей. Они заключали брак гораздо раньше, чем другие израильтяне, и, в свою очередь, рожали столько же детей, сколько было у их родителей, или даже больше. В то же время отцы семейств переставали работать, а вместо этого изучали Талмуд.

Многие ультраортодоксальные женщины работали вне дома, но с учетом пренебрежительного отношения к светскому образованию в школах для девочек и молодых женщин им не хватало многих навыков, необходимых даже для низкоквалифицированных работ в модернизирующейся израильской экономике. В результате значительное число ультраортодоксальных семей жили на правительственные пособия. При этом мужчины-ультраортодоксы, в отличие от ортодоксальных сионистов, не служили в армии. Когда Бен-Гурион перед основанием государства согласился на то, чтобы учащиеся иешив были освобождены от военной службы, их было лишь несколько сотен. К началу XXI века число учащихся выросло до 60 тысяч. Ультраортодоксальные политические партии активно отстаивали эти привилегии, что часто имело решающее значение при образовании коалиционных правительств.

Это привело к росту недовольства, вызванного тем, что сионистское государство дает деньги и защищает несионистских евреев. Трудолюбивым светским израильтянам приходилось кормить ультраортодоксов, служить в армии, а иногда и погибать, защищая тех, кто отказывался вступать в войска. В 1999 году возникло новое движение «Шинуй» («Изменение»). Оно категорически возражало против поддержки религии государством, отвергало любые коалиции с религиозными партиями и призывало к отказу от ортодоксального иудаизма в светской жизни государства. Достигнув некоторых скромных успехов на очередных выборах, «Шинуй» исчезло с израильской политической сцены.

Позже Яир Лапид, сын основателя «Шинуй», желая продолжить дело своего отца, положил начало новому движению. Популярность и политика Лапида-младшего отразили важные коренные перемены в Израиле — американизацию экономики страны. Во-первых, кибуцы, которые десятилетиями были главными символами социалистического сионизма, практически перестали заниматься возделыванием земли и перешли к производству, а также к развивающейся высокотехнологичной промышленности. Эта была лишь малая деталь в процессе появления в Израиле новых компьютеризированных технологических предприятий. Этому процессу отчасти поспособствовало большое число иммигрантов-инженеров из стран бывшего СССР. Скоро Израиль станет мировым лидером в сфере высоких технологий. Его будут называть «страной стартапов». Эта новая экономическая реальность неизбежно привела к росту в израильском обществе числа состоятельных людей и представителей высшего среднего класса. Возникло большое неравенство доходов между богатыми и бедными. И хотя часть состоятельных израильтян были ближневосточного и североафриканского происхождения, подавляющее большинство сверхбогатых, просто богатых и людей из верхнего среднего класса были ашкеназами. Большинство же бедных были арабами, мизрахим и ультраортодоксами. Такая ситуация для сионистов оказалась крайне неожиданной. Все чаще ультраортодоксальные партии, как ашкеназские, так и мизрахские, начинали отождествлять себя с определенным классом общества, а также с религией.

На другой стороне экономического, политического и культурного спектра партия Лапида «Еш Атид» («Есть будущее») призывала к «распределению бремени». Они хотели, чтобы мужчины-ультраортодоксы служили в армии, а также желали значительно сократить пособия в семьях, где родители не были заняты производительным трудом. Партия «Еш Атид» не стеснялась своей светскости. На выборах 2013 года она заняла второе место после «Ликуда». И хотя члены этой партии, как правило, поддерживали создание двух государств, «Еш Атид» отказалась занимать твердую позицию по вопросу о мире, сохраняя направленность на экономическую и социалистическую политику. Но к следующим выборам популярность Лапида пошла на убыль, и его партия потеряла значительную часть своей популярности, в то время как Рабочая партия отчасти восстановила свои силы.

На выборах 2013 года также произошел новый виток в истории сионизма и Еврейского государства. Ортодоксальный сионизм, в особенности его наиболее правые и экстремистски настроенные приверженцы-поселенцы, вновь набрали силу. Новую партию «Ха-Баит ха-Йехуди» («Еврейский дом») возглавил харизматичный, похожий на американца миллионер Нафтали Беннет. Эта партия агрессивно выступала за доминирование в израильской политике крайне правых. Она поддерживала различные течения интегрального национализма правее Нетаньяху и открыто выступала против создания двух государств. Трансформация ортодоксального сионизма, которая началась после Шестидневной войны, достигла своего пика. «Ликуду» было необходимо создать правую коалицию, и «Еврейский дом» получил большое влияние в правительстве.

Любопытно, что на следующих выборах маятник качнулся в обратную сторону. «Ликуд» занял первое место, но Рабочая партия (временно изменившая имя на Сионистский союз) снова стала достаточно популярной в израильском обществе и получила второе место. Таким образом, эта партия стала главной оппозиционной силой при правительстве Нетаньяху.

Таким образом, сложившаяся схема повторяется снова и снова. Левые, центристы и правые разделяются на мелкие партии, которые удерживают баланс сил, а страна в целом остается расколота пополам по вопросам внутренней и внешней политики.

Заключение

Еще не пропала наша надежда.
«Ха-Тиква» («Надежда»),
государственный гимн Израиля

Со времен зарождения сионизма в 1897 году это движение в основном представляло интерес только для евреев. Вне еврейского сообщества мало кто обратил внимание на Учредительный конгресс Герцля и на его дипломатические переговоры с великими державами. Определенно, Декларация Бальфура, не говоря уже о предоставлении Великобритании Мандата в Палестине, свидетельствовала об интересе к сионизму в высших кругах британской власти. Но вопрос сионизма не был важен ни для Англии, ни, тем более, для мировой политики. Комиссия Пиля 1936 года и ее предложение о разделении Палестины на государства арабов и евреев представляют интерес лишь для изучающих историю сионизма, Израиля и Палестины. Несомненно, новости о Декларации независимости 1948 года попали на первые полосы мировой прессы. Но история воплощения сионистских идей в новом государстве была не так важна для мировой политики, как создание за год до того Индии и Пакистана, вызванные этими событиями миграционные процессы, усиливающаяся холодная война, конфликт в Корее и запуск спутника. Даже Синайская кампания 1956 года не идет ни в какое сравнение с другими конфликтами, которые привели к разрушению Британской и Французской империй.

И только Шестидневная война 1967 года приковала пристальное внимание держав и новостных агентств к конфликту между Израилем, арабскими странами и палестинцами. Большинство западных стран продолжили поддерживать Еврейское государство. Голосование ООН по резолюции о приравнивании сионизма к расизму в 1975 году ясно очертило картину раскола в мировой политике. Все страны, проголосовавшие за эту резолюцию, либо состояли в советском блоке, либо были государствами с мусульманским большинством или же развивающимися странами (за исключением Мексики и Португалии). Европейские, северо- и южноамериканские страны голосовали против резолюции. Также ее не поддержали несколько африканских стран, которые активно торговали с Израилем. Вопреки распространенному мнению, спустя десятилетия после голосования поддержка Израиля не снизилась, а, наоборот, возросла. В 1991 году за отмену резолюции, приравнивающей сионизм к расизму, проголосовало подавляющее большинство государств. Лишь 26 стран, почти все из которых были мусульманскими, выступили против. Безусловно, большую роль здесь сыграл распад СССР и советского блока. Таким образом, в 1990-х годах подавляющее большинство западных и развитых стран продолжало поддерживать политику Израиля и, следовательно, «сионистский проект». Однако критика оккупации в Западной Европе и развитых странах значительно усилилась.

В конце 1990-х годов и в XXI веке конфликт между Израилем и палестинцами и, как следствие, споры о само м значении и допустимости сионизма стали предметом пристального внимания в международной политике. Такому развитию событий нет простого объяснения. Правые сионисты убеждены, что под личиной антисионизма происходит возрождение антисемитизма. Они говорят, что евреев несправедливо обвиняют во всех грехах. Действительно, зачастую антисионисты — это антисемиты. Но большинство антисионистов — не антисемиты. Эти две идеологии не тождественны. Левые утверждают, что антиизраильская политика и настроения распространяются именно из-за оккупации. Они говорят, что необходимо заключить мирный договор с палестинцами, и соперники Израиля исчезнут.

В более узком смысле среди евреев по всему миру отношение к сионизму серьезно изменилось. Из маргинальной идеологии сионизм превратился в общепринятую. До 1945 года большинство ортодоксальных, реформистских и светских евреев в мире не были сионистами. В наши дни лишь небольшая горстка ультра-ортодоксов и крайне левых еврейских партий не разделяет идеи сионизма. Большинство же евреев поддерживают сионизм и Государство Израиль, хотя серьезные противоречия между правыми, центристами и левыми сохранились и серьезно углубились с течением времени.

Чрезвычайно сложно понять, что именно, помимо поддержки Израиля, олицетворяет сионизм для диаспоры в начале XXI века. В 1960-х годах в диаспоре существовали влиятельные сионистские партии и, что еще важнее, сионистские молодежные движения. Их последователи придерживались понятных и убедительных взглядов, основанных на идеологии левого, центристского или правого сионизма. Но в результате ухода старших поколений и новой реальности, в которой группы молодежи какой бы то ни было политической направленности не обладали значительным влиянием на молодежную культуру, значимость таких движений сошла на нет.

Существует старая шутка о том, что в диаспоре «сионизм — это когда один еврей берет деньги у другого еврея, чтобы отправить их третьему еврею в Израиль». Действительно, средства продолжают поступать, но лишь очень небольшое число североамериканских евреев эмигрируют в Израиль. По последним данным, в 2007 году только американские евреи пожертвовали 2,1 миллирда долларов Еврейскому агентству и большому числу благотворительных организаций в Израиле. С тех пор объем денежных поступлений вырос, несмотря на экономический кризис 2008 года. В том же 2007 году количество евреев, переехавших из США и Канады в Израиль, составило 6643 человека. Это лишь крошечная доля из 5 649 000 евреев мира.

Помимо денежного и миграционного вопросов, самое очевидное проявление сионизма со стороны евреев в диаспоре — это лоббирование поддержки Израиля и его политики в своих странах. Самая большая и наиболее известная такая группа — это АИКОС, Американо-израильский комитет по общественным связям. Его считают самой влиятельной лоббистской организацией в США после Национальной стрелковой ассоциации. АИКОС десятилетиями оказывал большое влияние на американскую внешнюю политику в отношении Израиля. Деятельность комитета весьма противоречива. Ей противостоят различные израильские либеральные и прогрессивные организации, такие как Форум израильской политики, Новый израильский фонд и «Джей-стрит». Они поддерживают Израиль, но выступают против оккупации. Более того, АИКОС и другие группы в диаспоре также страдают от смены поколений. Опросы в диаспоре показывают, что новое поколение евреев намного меньше, чем их отцы и деды, связывает свои судьбы с сионизмом и Израилем. Они поддерживают Израиль в целом, особенно в сложные времена, но практически не отождествляют себя с Еврейским государством и идеологией сионизма.

И конечно, подавляющее большинство евреев из диаспоры не содействуют достижению самой важной цели сионизма со времен основания государства — возрождению иврита как современного разговорного языка и созданию языковой культурной среды. В 1870 году иврит не был родным языком для евреев, а сейчас около восьми миллионов человек говорят на иврите свободно и без какой-либо идеологической подоплеки. Большое число палестинских израильтян стали билингвами, говорящими на иврите и арабском. Ультраортодоксы, десятилетиями утверждавшие, что использование священного языка для повседневных нужд — это ересь, стали свободно говорить на языке государства, которое некоторые из них ненавидят. На основе этого языка появилась развитая культурная среда: книги, музыка, пьесы, кино, телевидение, скульптура и, с недавних пор, интернет-культура. Приведем всего один пример. В 2013 году в четырех самых крупных театрах в Тель-Авиве было продано 2 202 783 билета — огромное количество для города с населением 3 713 200 человек. Многие театральные пьесы посвящены размышлениям о сионизме и кризису в мирных переговорах, но большинство постановок сосредотачиваются на универсальных темах. Конечно, как и в других развитых странах, творческие деятели в Израиле, как правило, поддерживают прогрессивистские и левые движения. Некоторые артисты, певцы, авторы книг и сценаристы являются сторонниками правого сионизма, но в подавляющем большинстве случаев деятели культуры придерживаются левого сионизма, выступая за окончание оккупации и за решение на основе двух государств. Некоторые из самых знаменитых представителей израильской культурной элиты за последние 50 лет — Амос Оз, А. Б. Иегошуа, Давид Гроссман, Иехуда Амихай, Этгар Керет — поддерживают левые идеи.

Достижения сионизма в деле создания государства, языка и культуры неоспоримы. Но даже если не касаться будущего мирного процесса и оккупации, остаются серьезные вопросы о жизнеспособности светского сионизма в современной ситуации, которую Герцль, Нордау, Жаботинский, Бен-Гурион и Бегин не могли предвидеть. В определенной степени правые движения адаптировались к ней, приняв некоторые положения и символику ортодоксов, но это скорее похоже на неуклюжую спекуляцию, чем на искреннюю веру. Посещение Стены плача перед поездками за границу хорошо смотрится на фотографиях, но этим никого не обманешь — премьер-министры, приходящие к стене, не соблюдают шаббат и религиозные праздники, они не едят кошерную пищу, не говоря уж о правилах, образно говоря, «семейной чистоты» — законах, касающихся менструации и секса.

Действительно, для истории сионизма чрезвычайно важно, что ни один из лидеров движения или премьер-министров Израиля, начиная с Герцля и заканчивая Нетаньяху, не был набожным иудеем. Герцль, Нордау, Вейцман, Жаботинский, Бен-Гурион, Шарет, Эшколь, Перес, Шамир, Рабин, Шарон, Барак, Ольмерт, Нетаньяху, даже Бегин, который проявлял уважение к религии и соблюдению обрядов, — все они не были верующими иудеями. Большинство граждан Израиля, даже несмотря на серьезные разногласия о природе светского сионизма, неверующие, хотя большинство евреев и неевреев об этом не знают. Правые и религиозные течения зачастую скрывают такое положение дел. Лучше всего это показывают ответы людей в политических опросах, в которых проверяют «традиционные» ценности, задавая вопросы о том, проводит ли человек пятничные семейные ужины, делает ли обрезание своим сыновьям, в какую школу ходят его дети и за какие партии он будет голосовать на выборах. К примеру, в 2014/15 учебном году в Израиле учащихся в светских школах было почти в три раза больше, чем в «государственных религиозных» учебных заведениях. Первые посещали 52,2 % учеников, а вторые — 18,5 %. На выборах в марте 2015 года 62,3 % израильтян голосовали за светские сионистские партии, а откровенно ортодоксальным отдали свои голоса 16,4 % населения.

Конечно, эти множества могут пересекаться. Родители-неортодоксы могут отправлять детей в религиозные школы, и наоборот. Также ортодоксальные сионисты могут голосовать за явно светские партии, и наоборот. Но факт остается фактом: подавляющее большинство израильских евреев — неверующие. Самой большой проблемой для светского большинства являются не ортодоксальные сионисты, а ультраортодоксальные иудеи. В 2014/15 учебном году автономные ультраортодоксальные школы посещали 29,3 % учеников. Таким образом, светским сионистам в Израиле необходимо решить серьезную проблему. Им нужно демократичным способом разрешить вопрос роста числа и влияния ультраортодоксов, многие из которых не поддерживают сионизм, а некоторые — открыто противостоят ему.

Несмотря на эти трудности, в конце концов можно заключить, что сионисты добились успеха в деле создания Еврейского государства и проведения коренных изменений еврейской культуры — в соответствии со светскими принципами этого государства.

И все же никогда ранее сионистскому движению не приходилось сталкиваться с ростом неприятия к своим принципам и к легитимности существования созданного государства, которое в наши дни наблюдается даже в странах Запада. Призывы к бойкоту, отказу от поддержки и к введению санкций против Израиля набирают силу в тех странах и обществах, которые изначально горячо поддерживали Еврейское государство. Никто не знает, насколько распространенным станет это движение в будущем, если оккупация и создание новых поселений не прекратятся. Также неизвестно, насколько серьезные угрозы существованию Израиля могут возникнуть на фоне быстрой дестабилизации обстановки на Ближнем Востоке.

Таким образом, слова «Ха-Тиквы», гимна сионистского движения, а затем — Государства Израиль, до сих пор выражают не исторический факт, а скорее — стремление стать «свободным народом на нашей земле, земле Сиона и Иерусалима».

Основные источники

Глава 1. Евреи: религия или национальность?

Пророчества Исаии о пришествии Мессии находятся в Книге пророка Исаии, 2:4 и 11:6.

Глава 3. Теодор Герцль и создание сионистского движения (1897–1917)

О реакции Герцля на дело Дрейфуса см. [Cohen 1970] и [Kornberg 1993].

Текст Базельской программы доступен онлайн по ссылке. URL: http://www.jewishvirtuallibrary.org/js=ource/Zionism/First_Cong_&_Basel_Program.html (дата обращения: 02.04.2024).

Глава 4. Эпоха Вейцмана и Декларация Бальфура

Переписка между Макмагоном и шерифом Хуссейном ибн Али хранится в: Office of the Geographer, Bureau of Intelligence and Research, Jordan-Syria Boundary, International Boundary Study 94. URL: http://archive.law.fsu.edu/library/collection/LimitsinSeas/IBS094.pdf.

Глава 6. Сионизм во время Второй мировой войны и после нее

Оригинальная поэма на идише и ее перевод на английский находятся в книге [Hellerstein 1999: 352–354].

Глава 7. Сионизм в Еврейском государстве (1948–1967)

Воспоминания Рабина о депортациях см. в книге [Goldstein 2006: 63]. Недавно был опубликован великолепный новый перевод «Хирбет Хизе» С. Изхара, выполненный Николасом де Ланге и Яакобом Двеком [Yizhar 2008].

Чтобы ознакомиться с ревизионистской точкой зрения на так называемое соглашение о статусе, см. книгу [Friedman 1995].

Исходный текст Закона о возвращении доступен онлайн. URL: https://www.jewishagency.org/ru/return-law/(дата обращения: 13.04.2024).

По делу Руфайзена / брата Даниэля см. мою работу [Stanislawski 2005].

Глава 8. Национализм и мессианство (1967–1977)

Официальный веб-сайт «Золотого Иерусалима» находится по ссылке. URL: http://www.jerusalemofgold.co.il

Критический взгляд на историю поселений можно найти в книге [Gorenberg 2007].

Текст поправки 1970 года в Закон о возвращении доступен онлайн по ссылке. URL: http://www.jewishagency.org/first-steps/program/5131

Речь Дэниэля Патрика Мойнихэна в ООН, в которой он возражал против голосования за резолюцию, приравнивающую сионизм к расизму, доступна онлайн. URL: https://unwatch.org/moynihans-moment-the-historic-1975-u-n-speech-in-response-to-zionism-is-racism/ (дата обращения: 02.04.2024).

Глава 9. Правый уклон (1977–1995)

Текст Основного закона о достоинстве и свободе человека доступен онлайн. URL: https://web.archive.org/web/20180722083011/http://knesset.gov.il/laws/ru/yesodru3.pdf

Дополнительная литература

Первоисточники

Лучшей антологией сионистской мысли на английском языке остается [Hertzberg 1997]. Довольно своеобразное и очень пространное вступление можно не читать.

Сионистские воззрения, существовавшие до Герцля, лучше всего представлены в книгах [Pinsker 1935] и [Ahad Ha'am 1981].

Ключевыми являются две работы Теодора Герцля [Герцль 2014] и его утопический роман «Обновленная страна» [Герцль 1903].

Письма многих лидеров сионистского движения были опубликованы. Полнее всего они представлены в 25 томах [The Letters and Papers of Chaim Weizmann 1968].

Отмечается нехватка переводов работ В. Е. Жаботинского на английский язык. Довольно скудный, но все же полезный сборник [Jabotinsky 1999]. Лучше всего творчество Жаботинского представляет его увлекательный роман «Пятеро» [Жаботинский 2014].

Большой интерес представляет автобиография Хаима Вейцмана [Weizmann 1949].

Очень важен рассказ Менахема Бегина о первых годах существования Государства Израиль [Begin 1977].

Общая история сионизма

Классическая работа [Laqueur 2003] заслуживает внимания, но она в значительной степени устарела. То же можно сказать и о двух томах [Vital 1975] и [Vital 1982].

Полезно ознакомиться с двумя исследованиями сионистской мысли [Avineri 1981] и [Shimoni 1997].

Две небольших книги об истории сионизма [Brenner 2011] и [Engel 2009] описывают те же события, что и эта книга, но с других сторон.

Сложная история отношения сионизма к палестинцам рассматривается в книге [Gorny 1987].

Общая история Государства Израиль

Книга [Sachar 1976] считается классической работой. В ней приведены множество фактов из истории Израиля и деталей, касающихся идеологии сионизма. Более новая и содержательная работа по этой теме — это книга [Шапира 2023].

Биографии сионистских мыслителей

Книга [Zipperstein 1993] — отличное исследование, посвященное этому ключевому теоретику сионизма.

Из множества биографий Герцля самая известная — это [Elon 1975]. В книге [Pawel 1989] используется более критический подход. Важнейшим дополнением к историографии, касающейся Герцля и дела Дрейфуса, является книга [Kornberg 1993].

Заслуживающие доверия биографии Хаима Вейцмана изложены в книгах [Reinharz 1986] и [Reinharz 1993].

Лучшие справочники по социалистическому сионизму — это три великолепные биографии его лидеров за авторством Аниты Шапиры: «Берл: биография», «Иосеф Хаим Бреннер» и «Ицхак Рабин, отец современного Израиля» [Шапира 1987], [Shapira 2007] и [Shapira 2014].

Существует несколько биографий Жаботинского, написанных его последователями. Лучшей из них является двухтомное исследование Йосефа Шехтмана [Schechtman 1956–1961]. Другая точка зрения представлена в моей книге [Stanislawski 2001]. О руководстве Жаботинского ревизионистским движением см. книгу [Shavit 1988].

Интересное исследование ортодоксального иудаизма во время рассвета сионизма — это книга [Luz 1988].

Сионизм с 1948 года и до наших дней

Чрезвычайно важная для понимания сионизма и иудаизма книга — это [Ravitzky 1996]. О появлении поселений и идеологии первых поселенцев см. [Gorenberg 2006].

Книга, которая привела к появлению «новых историков» — это [Morris 1989]. Об идеологиях постсионизма пишет [Silberstein 2008]. Более критично их рассматривают [Shapira, Penslar 2003].

Библиография

Герцль 1903 — Герцль Т. Обновленная страна / пер. с нем. Киев: Тип. С. В. Кульженко, 1903.

Герцль 2014 — Герцль Т. Еврейское государство. М.: Нобель Пресс, 2014.

Жаботинский 2014 — Жаботинский В. Е. Пятеро. М.: Книжники, 2014.

Шапира 1997 — Шапира А. Берл: биография: в 2 т. // пер. с иврита С. Векслер. Иерусалим: Библиотека Алия, 1987.

Шапира 2023 — Шапира А. История Израиля: От истоков сионистского движения до интифады начала XXI века // пер. с англ. И. Печенина. М.: КоЛибри, 2023.

Ahad Ha'am 1981 — Ha'am A. Selected Essays. New York: Atheneum, 1981.

Avineri 1981 — Avineri S. The Making of Modern Zionism. New York: Basic Books, 1981.

Begin 1977 — Begin M. The Revolt. New York: Nash, 1977.

Brenner 2011 — Brenner M. Zionism: A Short History. Princeton, NJ: Markus Wiener, 2011.

Cohen 1970 — Cohen H. J. Theodor Herzl's Conversion to Zionism // Jewish Social Studies. 1970. Vol. 32. P. 101–110.

Elon 1975 — Elon A. Herzl. New York: Holt, Rinehart & Winston, 1975.

Engel 2009 — Engel D. Zionism. Harlow, UK: Pearson/Longman, 2009.

Friedman 1995 — Friedman M. The Structural Foundation for Religio-Political Accommodation: Fallacy and Reality // Israel: The First Decade of Independence / ed. by S. I. Troen, N. Lucas. Albany: State University of New York Press, 1995. P. 51–81.

Goldstein 2006 — Goldstein Y. Rabin: Biografiah. Schocken: Jerusalem, 2006.

Gorenberg 2006 — Gorenberg G. The Accidental Empire: Israel and the Birth of the Settlements, 1967–1977. New York: Times Books, 2006.

Gorenberg 2007 — Gorenberg G. The Accidental Empire: Israel and the Birth of the Settlements, 1967–1977. New York: Holt, 2007.

Gorny 1987 — Gorny Y. Zionism and the Arabs. New York: Oxford University Press, 1987.

Hellerstein 1999 — Paper Bridges: Selected 122 Poems of Kadya Molodowsky / transl. and ed. by K. Hellerstein. Detroit: Wayne State University Press, 1999. P. 352–354.

Hertzberg 1997 — Hertzberg A. The Zionist Idea. Philadelphia: Jewish Publication Society, 1997.

Herzl 1988 — Herzl T. The Jewish State. New York: Dover, 1988.

Herzl 1997 — Old-New Land. Princeton, NJ: M. Wiener, 1997.

Jabotinsky 1999 — Jabotinsky V. The Political and Social Philosophy of Ze'ev Jabotinsky / ed. by M. Sarig. Portland, OR: Vallentine Mitchell, 1999.

Jabotinsky 2005 — Jabotinsky V. The Five / ed. and transl. by M. Katz. Ithaca, NY: Cornell University Press, 2005.

Kornberg 1993 — Kornberg J. Theodor Herzl: From Assimilation to Zionism. Bloomington: Indiana University Press, 1993.

Laqueur 2003 — Laqueur W. History of Zionism. New York: Schocken, 2003.

Luz 1988 — Luz E. Parallels Meet. Philadelphia: Jewish Publication Society, 1988.

Morris 1989 — Morris B. The Birth of the Palestinian Refugee Problem, 1947–1949. Cambridge, UK: Cambridge University Press, 1989.

Pawel 1989 — Pawel E. The Labyrinth of Exile: A Life of Theodor Herzl. New York: Farrar Straus & Giroux, 1989.

Pinsker 1935 — Pinsker L. Autoemancipation. New York: Zionist Organization of America, 1935.

Ravitzky 1996 — Ravitzky A. Messianism, Zionism, and Jewish Religious Radicalism. Chicago: University of Chicago Press, 1996.

Reinharz 1986 — Reinharz J. Chaim Weizmann: The Making of a Zionist Leader. New York: Oxford University Press, 1986.

Reinharz 1993 — Reinharz J. Chaim Weizmann: The Making of a Statesman. New York: Oxford University Press, 1993.

Sachar 1976 — Sachar H. A History of Israel: From the Rise of Zionism to Our Time. New York: Knopf, 1976.

Schechtman 1956–1961 — Schechtman J. Vladimir Jabotinsky Story. New York: T. Yoseloff, 1956–1961.

Shapira 1984 — Shapira A. Berl: The Biography of a Socialist Zionist, Berl Katznelson, 1887–1944. New York: Oxford University Press, 1984.

Shapira 2007 — Shapira A. Yigal Allon, Native Son: A Biography. Philadelphia: University of Pennsylvania Press, 2007.

Shapira 2012 — Shapira A. Israel. Waltham, MA: Brandeis University Press, 2012.

Shapira 2014 — Shapira A.Ben-Gurion: Father of Modern Israel. New Haven, CT: Yale University Press, 2014.

Shapira, Penslar 2003 — Israeli Historical Revisionism: From Left to Right / ed. by A. Shapira, D. Penslar. Portland, OR: Frank Cass, 2003.

Shavit 1988 — Shavit J. Jabotinsky and the Revisionist Movement. London: Frank Cass, 1988.

Shimoni 1997 — Shimoni G. The Zionist Ideology. Waltham, MA: Brandeis University Press, 1997.

Silberstein 2008 —Postzionism: A Reader / ed. by L. Silberstein. New Brunswick, NJ: Rutgers University Press, 2008.

Stanislawski 2001 — Stanislawski M. Zionism and the Fin de Siècle: Cosmopolitanism and Nationalism from Nordau to Jabotinsky. Berkeley: University of California Press, 2001.

Stanislawski 2005 — Stanislawski M. A Jewish Monk? A Legal and Ideological Analysis of the Origins of the "Who Is a Jew" Controversy in Israel // Text and Context: Essays in Modern Jewish History and Historiography in Honor of Ismar Schorsch / ed. by E. Lederhendler, J. Wertheimer. New York: Jewish Theological Seminary of America, 2005. P. 547–577.

The Letters and Papers of Chaim Weizmann 1968 — The Letters and Papers of Chaim Weizmann. London: Oxford University Press, 1968.

Vital 1975 — Vital D. The Origins of Zionism. Oxford: Oxford University Press, 1975.

Vital 1982 — Vital D. Zionism: The Formative Years. Oxford: Oxford University Press, 1982.

Weizmann 1949 — Weizmann Ch. Trial and Error. London: Hamish Hamilton, 1949.

Yizhar 2008 — Yizhar S. Khirbet Khizeh. Jerusalem: Ibis, 2008.

Zipperstein 1993 — Zipperstein S. Elusive Prophet: Ahad Ha'am and the Origins of Zionism. Berkeley: University of California Press, 1993.

Указатель

Список иллюстраций

1. Теодор Герцль в Базеле, фото Эфраима Лилиена. Библиотека Еврейской теологической семинарии Америки.

2. Второй сионистский конгресс в Базеле в 1898 году. Центральный сионистский архив.

3. Декларация Бальфура 2 ноября 1917 года. Центральный сионистский архив.

4. Давид Бен-Гурион читает Декларацию о независимости Государства Израиль 14 мая 1948 года. Пресс-служба правительства Государства Израиль.

5. Еврейские иммигранты. Пресс-служба правительства Государства Израиль.

6. Израильские солдаты у Западной стены в июне 1967 года. Пресс-служба правительства Государства Израиль.

7. «Нужно разделиться сейчас ради мира. Мир сейчас». Плакат. Израиль, без даты. «Мир сейчас».

8. Президент Египта Анвар Садат в Кнессете 20 ноября 1977 года. Пресс-служба правительства Государства Израиль.

9. Ицхак Рабин, Билл Клинтон и Ясир Арафат на лужайке Белого дома 13 сентября 1993 года. Белый дом, фото Винса Муси.

Оглавление

Научное издание

Майкл Станиславски
СИОНИЗМ
Наикратчайшее введение

Директор издательства *И. В. Немировский*
Ответственный редактор *И. Белецкий*
Куратор серии *Е. Яндуганова*
Заведующая редакцией *Н. Ломтева*

Дизайн *И. Граве*
Редактор *Р. Рудницкий*
Корректоры *Е. Гайдель, И. Манлыбаева*
Верстка *Е. Падалки*

Подписано в печать 23.07.2024.
Формат издания 60 × 90 $^1/_{16}$. Усл. печ. л. 8,8.
Тираж 200 экз.

Academic Studies Press
1577 Beacon Street, Brookline, MA 02446 USA
https://www.academicstudiespress.com

ООО «Библиороссика».
198207, г. Санкт-Петербург, а/я № 8

Эксклюзивные дистрибьюторы:
ООО «Караван»
ООО «КНИЖНЫЙ КЛУБ 36.6»
http://www.club366.ru
Тел./факс: 8(495)9264544
e-mail: club366@club366.ru

Книги издательства можно купить
в интернет-магазине: www.bibliorossicapress.com
e-mail: sales@bibliorossicapress.ru

12+

Знак информационной продукции согласно
Федеральному закону от 29.12.2010 № 436-ФЗ

www.ingramcontent.com/pod-product-compliance
Lightning Source LLC
Chambersburg PA
CBHW070811300326
41914CB00054B/770